Ueber

National-Wohlstand

Vom

Grafen Lauderdale.

Berlin 1808

In der Realschulbuchhandlung.

Vorrede des Uebersezzers.

Durch Adam Smith ward Licht in der Staatswirthschaft. Auch die Sonne hat Flekken. Wer sie zeigt, nimmt ihr nichts von ihrem Werth.

Man kann den großen Mann nicht mehr verherrlichen, als wenn man die einzelnen wenigen Mängel, die er zu haben scheint, und auch wohl haben mag, klar darstellt, wenn man der Welt zeigt, daß troz dieser Mängel seine Größe unerschütterlich ist; man dient dem großen Manne nur dann treu, wenn man alles, was gegen seine Meinung gesagt werden kann, würdigt, und so ohne Rücksicht auf ihre Wahrheit zu verbreiten sucht.

Dies ist der Zweck der Uebersezzung des Werks:

An Inquiry into the nature and origin of public wealth and into the means and causes of its increase. By the Earl of Lauderdale. Edinburgh, 1804.

Lord Lauderdale zeigt durch seine Schrift, daß er bei Herausgabe derselben auch nur den angegebenen Zweck hatte. Er verband damit noch die Beurtheilung einiger Finanz-Operationen des damaligen englischen Ministeriums, und hat deshalb, um seinen Lands-Leuten recht deutlich zu werden, verschiedene Säzze durch mehrere Beispiele und Wiederholungen, verständlicher zu machen gesucht. Die erste ist nur in sofern in die Uebersezzung aufgenommen, als sie in eine wissenschaftliche Abhandlung, ohne Beziehung auf irgend ein Land besonders, gehört, und von dem lezten Bemühen ist nur in so weit Gebrauch gemacht, als Erläuterungen, bei Beziehungen auf vorhergehende Säzze, nöthig waren.

Die gewählte Form in §§. erleichtert die Uebersicht und macht deshalb Beispiele und Wiederholungen öfters entbehrlich.

Inhalt.

Erstes Kapitel.

Werth und dessen Maaßstab.

§. 1.

Werth hat eine jede Sache, sofern sie

1. Eigenschaften besitzt, die sie zu einem Gegenstande menschlichen Wünschens und Begehrens machen — und
2. sofern sie sich nicht in solcher Menge vorfindet, daß Jedermann davon ohne Mühe erhalten kann, so viel er will.

Es ist für sich klar, und eine Menge Beispiele aus der täglichen Erfahrung bestätigen es, daß eine Sache, sie habe Eigenschaften welche sie wolle, sofern nicht diese beiden Umstände bei ihr zutreffen, niemals Werth habe.

Wasser, in dem gewöhnlichen Zustande der Dinge, hat keinen Werth, weil ihm die Eigenschaft der Knappheit fehlt; aber in einer belagerten Stadt, auf einem Schiff im Ocean, da wächst ihm diese Eigenschaft zu, und da, sehen wir, hat es oft einen hohen Werth.

Bei den ursprünglichen Bewohnern von Cuba und St. Domingo hatten Stücke Gold keinen höhern Werth als bunte Kieselsteine. Die Seltenheit allein konnte diesem Metall keinen Werth geben; aber wie die Spanier hinkamen, und so begierig waren nach diesen glänzenden Stückchen, da bekamen sie bald einen hohen Werth.

Getreide, selbst wenn es an sich von geringern Eigenschaften ist, hat in Jahren des Mißwachses in der Regel einen höhern Werth als nach reichen Ernten.

So steigt das Sommergetreide oft im Preise, aus keinem andern Grunde, als weil das Wintergetreide mißrathen ist. — Dies alles berechtigt zu der Behauptung, es gebe keine Eigenschaft, welche allein an und für sich einer Sache Werth geben könne.

§. 2.

Die Eigenschaften, welche eine Sache wünschenswerth machen, unverändert angenommen: so wird das Verhältniß der Menge von Sachen einer Art, die da ist, zu der Menge, die begehrt wird, den Werth der Sache bestimmen. Und dieser

1. wird steigen, wenn die vorhandene Menge abnimmt.
2. wird sinken, wenn die vorhandene Menge zunimmt.
3. wird steigen, wenn eine größere Menge begehrt wird.
4. wird sinken, wenn eine geringere Menge begehrt wird.

§. 3.

Den Werth einer Sache ausdrücken, können wir nur dadurch, daß wir sie mit einer andern vergleichen *). Und natürlich ist alsdann nicht bloß die verglichene, sondern auch die zum Maaß gebrauchte Sache jenen vier Veränderungen unterworfen, so daß der Werth einer Sache, durch eine andere ausgedrückt, auf acht Arten sich ändern kann. Dieser liegt immer das Verhältniß des Begehrs zu den Mitteln ihn zu befriedigen, zum Grunde.

§. 4.

Das, womit man messen will, muß an sich unveränderlich seyn; und so könnte auch zum Maaß des Werths nur eine Sache dienen, die einen ewig unwandelbaren Werth hätte.

*) So wie es eine absolute Geradheit, eine absolute Schönheit giebt, giebt es keinen absoluten Werth.

§. 5.

Wenn nun, nach §. 1. es gleich viel gilt, ob ich sage: diese Sache hat Werth, oder: es treffen bei ihr die Umstände zusammen, daß sie ihrer Eigenschaften wegen einen Gegenstand menschlichen Wünschens und Begehrens ausmacht, und daß sie nur in einem gewissen Grade von Knappheit da ist, — wenn es ferner nicht geleugnet werden kann, daß keine Sache immer und ewig gleich heftig von den Menschen begehrt werde, und außerdem, immer und ewig in gleicher Menge sich vorfinde; so folgt daraus, daß keine Sache einen immer unveränderlichen Werth habe, das heißt, daß keine Sache ein Maaß des Werths abgeben könne.

§. 6.

Mehrere haben sich bemüht, eine Sache aufzufinden, welche zum Maaß des Werths dienen könnte. Sir W. Petty, und insbesondere A. Smith haben geglaubt: Arbeit habe einen unveränderlichen Werth, und sie könne man zum Maaß des Werths nehmen. Aber auch sie kann hiezu nicht dienen. A. Smith sagt selbst, daß der Preis, welcher reeller Weise für Arbeit gezahlt wird, nach Zeit und Ort verschieden sey, und daß der Grund dieser Verschiedenheit in dem verschiedenen Verhältnisse der Nachfrage nach Arbeit zu der feilgebotenen Quantität von Arbeit liege, d. h.

daß ihr Werth verschieden sey. — Ja er giebt sogar zu, daß für eine und dieselbe Arbeit, an einem und demselben Orte, nach Verschiedenheit der Personen oft auch verschiedener Lohn bezahlt werde. —

Anmerkung des Uebersetzers.

Der Effekt der Arbeit, welcher es doch eigentlich ist, der im Verkehr vorkommt, und verschiedentlich bezahlt wird, kann, nach A. Smith nicht zum Maaße des Werths dienen, sondern er meint nur: die Kraft und Mühe, welche die Verrichtung einer und derselben Arbeit dem Arbeiter kostet, die sey, im Durchschnitt subjektiver Verschiedenheiten, unveränderlich, und diese allein, so unbrauchbar sie auch in der Praxis als Maaß seyn mag, könne in der Theorie als ein festes Maaß des Werths angenommen werden. —

So wären A. Smith und Lauderdale vereinigt und die Differenz zwischen beiden gelöset, die der erste nur durch die dunkele unsystematische Art der Darstellung seiner Meinung veranlaßt hat.

Zweites Kapitel.

Ueber National-Wohlstand, und Reichthum des Einzelnen, und deren Verhältniß zu einander.

§. 1.

National-Wohlstand, sagt man, ist der Inbegriff des Reichthums der Individuen: National-Kapital: der Inbegriff des Kapitals der Individuen. Die Total-Summe des Individual-Vermögens, giebt die Größe des National-Vermögens.

Sparsamkeit, sagt man daher auch, ist als das beste Mittel zu Vermehrung eines Privat-Vermögens das Fundament des National-Wohlstandes. Sparsamkeit vermehrt, Verschwendung vermindert hiernach das National-Capital. Jeder Verschwender, sagt man, ist ein Feind, und jeder Sparsame ein Wohlthäter der Nation. Jedes Mittel zur Vermehrung des Reichthums eines Individuums, wenn die Vermehrung nicht auf Kosten eines andern geschieht, trage zu Vermehrung des National-Wohlstandes bei.

§. 2.

Wenn man, das was unter dem Worte: Werth, zu verstehen ist, gehörig vor Augen hat, findet man bald, daß diese Meinung nicht richtig seyn kann. Mangel erzeugt höhern Werth, und man würde z. B. den Individual-Reichthum erhöhen, wenn man die Quantität des Wassers verminderte, ihm dadurch einen Werth gebe, und jeden Besitzer einer Quelle, zum Besitzer einer nutzbaren Realität machte. Ferner: wenn dagegen die Nahrungsmittel so wohlfeil als Wasser werden sollten, würde der Individual-Reichthum in eben dem Grade, als die Nahrungsmittel an Werth verlieren, verringert werden, und doch in beiden Fällen in Beziehung auf den National-Wohlstand gerade das Gegentheil statt finden.

§. 3.

Wer die Größe des National-Wohlstandes durch die Summe der Individual-Reichthümer bestimmt, müßte, wenn die Englischen Staats-Fonds, wie im Anfange eines Krieges jederzeit geschieht, um 20 pro Cent fallen, also, bei 500 Millionen Staats-Schulden die Summe des individuellen Vermögens dadurch wirklich um 100 Millionen verkleinert wird, annehmen, daß das National-Vermögen um 100 Millionen verringert sey. Ferner müßte der National-Wohlstand durch die Verringerung des Landwerths, welcher beim Anfange eines Krieges in der Regel sinkt, leiden, aber die bisherige Oberfläche des Landes bleibt unverändert, der Eigenthümer bekommt die bisherige Rente, der Kapitalist dieselben Zinsen, und alles ist in Beziehung auf Nützlichkeit und Seltenheit, also in Beziehung auf National-Werth und National-Wohlstand unverändert.

§. 4.

Vermehrung des individuellen Reichthums, vermehrt nicht nothwendig den National-Wohlstand; es ist im Gegentheil möglich, daß sich der National-Wohlstand vermehren kann, wenn der individuelle Reichthum sinkt.

§. 5.

Angenommen, eine Nation käme dahin, daß jedermann hätte, was er nur verlangt; so würde sie den höchsten National-Wohlstand haben, obgleich keine einzige Sache alsdann Werth haben könnte, so wenig als das Wasser jetzt.

Vermindert man diesen Ueberfluß an allem; so wird die Nation ärmer, es wird aber individueller Reichthum constituirt.

§. 6.

Es ist daher ein wesentlicher Unterschied zwischen National-Wohlstand, und der Total-Summe der Individual-Reichthümer.

§. 7.

In der Regel vermehrt sich der individuelle Reichthum in dem Grade (wenn diese Vermehrung durch Vermehrung des Werths entsteht) als der National=Reichthum abnimmt, und umgekehrt.

§. 8.

Ueberfluß an Getreide ist ein wichtiger Gegenstand des National=Wohlstandes. Mangel an Getreide zeigt National=Armuth. Bei schlechten Ernten steigt der Preis des Getreides in folgendem Verhältniß.

Wenn 10 pro Cent fehlen, steigt der Preis über den gewöhnlichen um 30 pro Cent.

=	20	=	=	=	=	=	= 80	=	=
=	30	=	=	=	=	=	= 160	=	=
=	40	=	=	=	=	=	= 280	=	=
=	50	=	=	=	=	=	= 450	=	=

Werden nun gewöhnlich 300 gebaut, und betragen diese in Gelde 300, und fehlen $\frac{3}{10}$, so daß nur 210 da sind; so beträgt dies — 210 + 160 pro Cent, und in Gelde 546; und — so sind $\frac{3}{10}$ der Nation verloren, und der Individual=Reichthum ist gegen gute Jahre um 246 vermehrt.

(George Kings Calculation, published by Davenant.)

§. 9.

Im Gegentheil ein Zehntheil mehr erbaut als gewöhnlich verbraucht wird, verringert den Werth um die Hälfte.

300 Erbau geben	.	300 Geld	
330 —	—	.	165 —

Mehr-Erbau 30 National-Verlust 135

Sir John Dalrymple in seinen Considerations on the policy of Entails meint: fehlt $\frac{1}{3}$ der gewöhnlich nothwendigen Quantität: so verdoppelt die Waare den Preis. Ist $\frac{1}{3}$ mehr: so sinkt der Preis auf die Hälfte.

§. 10.

Nur die Unmöglichkeit einer Verbindung aller Verkäufer sichert das Publikum gegen die Folgen des individuellen Interesse.

§. 11.

Hieraus folgt:

1) Daß die Summe der Reichthümer der Individuen nicht den National-Wohlstand ausmacht. Im Gegentheil, daß

2) Vermehrung des Reichthums, wenn sie durch Verminderung der Menge der Dinge entsteht, allemal den National-Wohlstand verkleinert, und

3) Das Umgekehrte.

§. 12.

National-Wohlstand besteht hiernach in dem Besiz alles dessen, was dem Menschen nüzlich und angenehm ist.

§. 13.

Individual-Reichthum besteht in dem Besiz alles dessen, was dem Menschen angenehm und nüzlich, und woran nicht allgemeiner Ueberfluß ist.

§. 14.

Verhältniß der Nachfrage zum Vorrath bestimmt den Grad in dem eine Sache in Beziehung auf Individual-Reichthum Werth hat.

Welchen Einfluß hat jede Veränderung dieses Verhältnisses auf den Werth einer Sache, beim individuellen Reichthum?

§. 15.

Erfolg der verringerten Menge auf den Werth.

Die Nation hat einen gewissen Theil ihres Reichthums (A) zum Ankauf eines gewissen Bedürfnisses (B) bestimmt. Von dem lezten ist nur die Hälfte des bisherigen Quanti zu erhalten. Die Nation muß alsdann den Theil A zum Ankauf der Hälfte von B verwenden, und der Werth von B ist verdoppelt.

z. B. 1000 Pfund ist die Zucker-Consumtion einer Gesellschaft.

50 L. Sterling der Werth der Dinge, die für Zucker hingegeben werden, oder mit 50 L. Sterling werden die 1000 Pfund gekauft. Jedes Pfund Zucker kostet also 1 Schilling, weil 1 Pfund $\frac{1}{1000}$ von 1000 und 1 Schilling $\frac{1}{1000}$ von 50 L. Sterling ist.

Es sind nur — 500 Pfund Zucker da.

Ein Pfund ist alsdann der 500te Theil des Vorraths.

Wenn man nun annimmt, daß der Preis in einem gleichen Verhältniß ($\frac{1}{500}$) steht, so würde jedes Pfund 2 Schilling kosten.

Dies reicht aber nicht zu.

§. 16.

Die Nation besteht aus 100 Familien.

Jede Familie hat bei 1000 Pfund allgemeinen Bedarf 10 Pfund verbraucht; diese kosteten à 1 Schilling pro Pfund — 10 Schilling. Wird der Vorrath auf die Hälfte verringert, so werden Einige lieber andere Bedürfnisse als Zucker entbehren, so daß sie 20 Schilling für ihren Zucker-Bedarf geben können.

Noch andere werden so viel entbehren, daß sie 30 Schillinge geben können. —

Andere 40 Schilling. Die Folgen des Geschmacks und der Gewohnheit sind nicht zu berechnen.

Diese Concurrenz der Käufer würde den Zucker-Preis über alle Erwartung erhöhen, wären nicht wieder einige die geneigter sind, Zucker, als andere Dinge, zum Theil, vielleicht auch ganz, zu entbehren.

Vorausgesetzt: dies beschränkt den Preis auf 300 pro Cent mehr als sonst, so daß der angenommene Bedarf einer Familie von 10 Pfund 30 Schilling mehr als sonst kosten, und die Mehr-Ausgabe von 100 Familien 150 L. Sterling betragen würde, alsdann wäre das, was die Nation für Zucker aufzuopfern hätte, statt 50 L. = 200 L. Sterling, und das Pfund Zucker würde alsdann bei einem Vorrath von 500 Pfund 8 Schilling kosten.

§. 17.

Anhänglichkeit an den bisherigen Genuß erhöht den Preis bei Verringerung des Vorraths.

Das Steigen des Preises hemmt die Nachfrage.

Die Anhänglichkeit hängt von der Beschaffenheit des Bedürfnisses ab. Lebens-Nothwendigkeiten, Getreide, Fleisch ꝛc. hat man von 1 zu 50 steigen sehen.

Luxus-Sachen steigen selten über das Doppelte und Dreifache.

Das Steigen des Preises durch Mangel an Vorrath, hängt von dem Grade der Nothwendigkeit der Sache ab.

§. 18.

Erfolg der vermehrten Menge auf den Werth.

So wenig als die um die Hälfte verminderte Menge den Preis verdoppelt (§. 15. und 16.) so wenig wird der Preis um die Hälfte ermäßigt, wenn die Menge sich verdoppelt.

§. 19.

Das Zucker-Beispiel (§. 15.) beibehalten. Statt 1000 Pfund kommen 2000 Pfund zu Markte. Der Preis sinkt durch das veränderte Verhältniß der Nachfrage zum Vorrath. Der Käufer giebt weniger und hat seinen Zucker-Bedarf; der Verkäufer findet, daß er für das, was er z. B. für 100 Pfund erhält, nicht so viel Bedürfnisse anderer Art als sonst erhalten kann. Jeder von diesen wünscht das Quantum anderer Bedürfnisse, zu dem er sonst durch den Zucker-Verkauf kommen konnte, wieder zu erlangen, wird dadurch veranlaßt, ungewiß, wie tief der Preis noch sinken kann, wegen des baldigen Absazzes seines Zucker-Vorraths besorgt zu seyn, und sucht daher seinen Vorrath abzusezzen. Der Markt wird daher überfüllt, und der Preis fällt so daß keine Grenze anzugeben ist. Dagegen

§. 20.

erweitert der geringe Preis die Consumtion, und dieses wirkt dem Sinken des Preises einigermaßen entgegen. Hiebei kommt die Art der Waare sehr in Betracht. Lebens-Nothwendigkeiten lassen sich nicht bedeutend in der Consumtion erweitern, und daher würkt Ueberfluß bei diesen am mehrsten auf den Preis. Bei Luxus-Waaren kann der Verbrauch sich bei weitem mehr ausdehnen. Bei diesen würkt im Gegentheil die mehrere Nachfrage bedeutend auf den Preis.

$\frac{1}{10}$ mehr Getreide verringert den Preis um die Hälfte, $\frac{1}{10}$ mehr Diamanten oder Gold kann diesen Effekt nicht haben.

§. 21.

Erfolg der vermehrten Nachfrage auf den Werth.

Der Werth der Dinge hängt von dem Verhältniß der Nachfrage zum Vorrath ab. Bei gleichem Verhältniß hat Verminderung der Summe des Vorraths und der Vermehrung der Nachfrage gleichen Effect.

Eine Gesellschaft verlangt 1000 Pfund Zucker und bekommt 500.

Eine andere, die gewöhnlich 1000 Pfund braucht,

verlangt auf einmal — 2000 Pfund Zucker, und bekommt — 1000 Pfund.

Das Resultat ist gleich.

Der Preis wird derselbe pro Pfund Zucker.

Es entsteht dieselbe Beschränkung der Consumtion.

§. 22.

Verminderte Menge und vermehrte Nachfrage sind gleich.

§. 23.

Erfolg der verminderten Nachfrage auf den Werth.

Verminderte Nachfrage und vermehrte Menge sind in Absicht der Preis-Veränderung gleich.

§. 24.

Dieser Erfolg auf den Werth der Dinge trifft ihn in dem Grade, als er einen Theil des Individual-Reichthums bildet. Der aus den angenommenen Umständen eintretende Erfolg auf den National-Wohlstand, ist davon wesentlich verschieden.

Durch Verminderung der Menge wird z. B. der Individual-Reichthum vermehrt, der National-Wohlstand aber vermindert, und die Vermehrung der Menge wirkt gerade umgekehrt. Vermehrung oder Verminderung der Nachfrage an sich verändert im National-Wohlstande nichts.

Welchen Erfolg hat eine Veränderung in der Art der Ausgabe (welche durch Vermehrung oder Verminderung der Menge einer Waare immer erzeugt wird), auf den Individual-Reichthum?

§. 25.

Veranlaßt durch Verringerung der Menge.

Nach dem obigen Zucker-Beispiel (§. 15 und 16) werden 150 L. St. mehr als sonst zum Zucker-Ankauf erfordert. Diese würden sonst zum Ankauf anderer Dinge verwendet, und man sollte glauben, daß der Preis dieser Artikel sich genau in dem Grade verringern werde, als der Preis des Zuckers zunimmt, und daß also die Summe des Individual-Reichthums gerade dieselbe bleibt.

Dies ist aber nicht, denn:
wenn z. B. die 150 L. Sterling welche mehr zum Zucker-Ankauf nothwendig sind, bei Senf, Fleisch und Wein erspart werden; so wirft dies den Preis dieser Artikel wegen der verringerten Nachfrage mehr als 150 L. Sterling im Ganzen herunter. Denn: die Verringerung der Nachfrage bei einem Theil der Waare verringert den Preis der Waare in einem höhern Grade, als was die entzogene Nachfrage beträgt. (§. 19.)

In welchem Verhältniß der Preis jeder Waare alsdann sinken muß, läßt sich nicht genau angeben, weil dies davon abhängt:

a) in wie fern bei dem gegebenen Beispiel Wein, Fleisch, Senf, mehr Bedürfniß ist, als es andere Dinge sind, und

b) wie die verringerte Nachfrage sich zum Ganzen verhält. So kann z. B. bei dem angenommenen Beispiel die Nachfrage nach Senf um die Hälfte, die nach Wein um ein Fünftheil, und die nach Fleisch um ein Zwanzig= oder ein Dreißigtheil vermindert werden, und dies muß einen verschiedenen Erfolg für jede Waare erzeugen.

§. 26.

Veranlaßt durch Vermehrung der Nachfrage.

1000 Pfund Zucker werden mehr verlangt als gewöhnlich. Es sind nur 1000 Pfund da. Das Pfund kostet also (§. 16.) 8 Schilling oder 1000 Pfund 400 L. Sterling. Bei dem Bedarf von 2000 Pfund und dem Vorrath von 1000 Pfund Zucker müssen also, da die Verzehrer nur 1 Schilling pro Pfund, also für 2000 Pfund 100 L. Sterling zum Zucker Ankauf bestimmt hatten, und jetzt 400 L. Sterling nöthig sind, 300 L. Sterling von Wein, Fleisch und Senf abgezogen werden, und dies muß den Preis dieser 3 Artikel um mehr als 300 L. Sterling (§. 19.) herunterwerfen.

§. 27.

Die Masse des individuellen Reichthums wird hierbei zwar sehr verringert. Da aber Zucker, Fleisch, Wein und Senf in derselben Menge bleiben, als sie waren; so wird der National-Wohlstand dadurch nicht im geringsten verändert. Die Verringerung des Individual-Reichthums ist in dem hier angenommenen Fall vielleicht bloß Folge eines veränderten Geschmacks der Nation.

§. 28.

Ferner: durch die Verringerung des Fleisch- Wein- und Senf-Preises werden die Bedürfnisse derer, die diese Sache verkauften, eingeschränkt, dies verringert wiederum den Preis der Dinge, welche diese bedurften, u. s. w. und alles dies in einem höhern Grade, als die Summe beträgt, um welche die Nachfrage verringert wird.

Hieraus folgt:

§. 29.

Jede schnelle Veränderung in der Nachfrage eines Artikels hat immer einen üblen Einfluß auf den Individual-Reichthum, obgleich der National-Wohlstand unverändert bleibt. Dies zeigt die Erfahrung beim Anfange und Ende eines jeden Krieges, und deshalb fürchtet der Kaufmann so sehr den Mittel Zustand zwischen Krieg und Frieden.

§. 30.

Veranlaßt durch Vermehrung der Menge.

Der Preis sinkt; (§. 19.) die Zucker=Consu menten können einen Theil von dem, was sonst zun Zucker=Ankauf nöthig war, zu andern Dingen ver wenden.

Nach diesen andern Artikeln wird die Nachfrag vermehrt, die Preise derselben steigen. Hieraus folgt:

§. 31.

Wenn eine Waare sehr im Preise sinkt; so stei gen andere. Die Staatsfonds stehen in Englan höher, wenn das Getreide wohlfeil, als wenn e theuer ist, und dies ist auch mit andern Waaren de Fall.

§. 32.

Veranlaßt durch Verringerung der Nachfrage.

Verringerung der Nachfrage nach einer Waar entsteht:

a) wenn andere Bedürfnisse die dringender sind theurer werden. (§. 25.)

b) wenn man etwas besseres dem bisherigen Be dürfniß substituiren kann. (§. 25. — 28.)

§. 33.

Es ist gezeigt: (§. 25. — 28.)

1. daß eine Vermehrung des Individual-Reichthums mit Verringerung des National-Reichthums und

2. eine Verminderung des Individual-Reichthums, mit Vermehrung des National-Reichthums verbunden seyn kann, so wie

3. daß der National-Wohlstand unverändert bleiben kann, wenn gleich durch Veränderung der Nachfrage die Summe des Individual-Reichthums sich verändert. Es ist aber auch möglich, daß die Masse des individuellen Reichthums so vermehrt werden kann, daß dies eine verhältnißmäßige Vermehrung des National-Wohlstandes anzeigt, z. B. der Zucker-Vorrath steigt von 1000 auf 1500 Pfund und die Nachfrage eben so.

Ferner

derjenige, der die Sache womit Zucker eingetauscht werden soll, erbauet oder macht, erbauet oder macht eine größere Menge, welche wieder Gegenstand der Nachfrage des Zucker-Erbauers ist.

In beiden Fällen bleibt das Verhältniß des Total-Werths zur Vermehrung der Menge gleich, und Individual- und National-Reichthum vermehren sich alsdann im gleichen Verhältniß.

§. 34.

Der Staats=Bürger verlangt Staats=Anordnungen zu Vermehrung des Individual=Reichthums. — Um nun zu prüfen ob durch irgend eine in Vorschlag gebrachte Maaßregel auch der National=Wohlstand vermehrt werde, muß man in solchen Fällen erwägen:

a) ob die Vermehrung des Individual=Reichthums allein durch Verringerung des Vorraths, oder

b) durch Vermehrung der Nachfrage veranlaßt werden soll.

Im ersten Fall ist Verminderung des National=Wohlstandes, im zweiten keine direkte Veränderung desselben die Folge. In beiden Fällen wird eine Vermehrung des Individual=Reichthums so weit als der Werth einer Waare dazu beitragen kann, der Anordnung unmittelbar folgen, es entsteht aber dadurch zugleich eine Veränderung in der Ausgabe=Art, und diese erzeugt eine viel bedeutendere Verringerung des Werths anderer Dinge, und so eine Verkleinerung der Total=Masse des Individual=Reichthums.

§. 35.

Wenn aber die Anordnungen Vermehrung des Vorraths und verhältnißmäßige Nachfrage, und also auch Mittel erzeugen sollen um diesen mehrern Vorrath sich zu eigen zu machen, ohne die Nachfrage nach andern Dingen zu stöhren, dann ist sie, so unwahrscheinlich es ist, daß eine solche Anordnung je getroffen werden kann — für Individual- und National-Wohlstand gut; z. B. statt 1000 kommen 1500 Pfund Zucker zu Markte. Die Zucker-Consumenten bauen mehr Getreide. Dies Plus verlangen die Zucker-Bauer; die mehr zum Verkauf gestellten 500 Pfund Zucker werden mit dem mehr erbauten Getreide bezahlt. Hier bleibt beim Zucker und Getreide der Vorrath mit der Nachfrage im gleichem Verhältniß. Die National-Ausgabe wird von keinem andern Gegenstande abgezogen; die Vermehrung des Individual-Reichthums steht genau im Verhältniß mit der Zunahme der Menge von Getreide und Zucker, und so vermehrt sich National-Wohlstand und Individual-Reichthum in gleichem Grade.

§. 36.

Sollen die Anordnungen aber bloß die Vermehrung der Nachfrage und der Menge eines Artikels bewirken, alsdann wird der National-Wohlstand durch diesen einen Artikel vermehrt, weil die Menge und der Werth in einem gleichen Verhältnisse zunehmen. Aber der Individual-Reichthum wird verringert, denn die Verringerung der Nachfrage nach andern Waaren, die man, um den mehrern Zucker ankaufen zu können, entbehren muß, verringert deren

Preis, und zwar, wie gezeigt ist, in einem höhern Grade, als die Summe der entzogenen Nachfrage beträgt.

Wann z. B. der Landmann nicht mehr Getreide als sonst baut, um den mehrern Zucker damit bezahlen zu können, alsdann muß er das, was er für den mehrern Zucker hingeben soll, vom Fleisch, Wein und Senf — um bei dem obigen Beispiel zu bleiben — abziehen, dies muß den Preis dieser Waaren sehr verringern, und so dadurch daß der Preis tiefer fällt, als die entzogene Nachfrage beträgt, dem Individual-Reichthum nachtheilig seyn.

§. 37.

Wenn durch Vorraths-Veränderungen, Preis-, also Invidual-Reichthums-Veränderungen bewirkt sind; so haben diese auf den National-Wohlstand immer einen, auf den Individual-Reichthum sich entgegengesetzt äußernden Effekt. Fallen die Preise einer Sache, so zeigt dies auf die Menge derselben und Vermehrung des National-Wohlstandes; und umgekehrt:

§. 38.

Preis-Verringerung, als Folge veränderter Nachfrage verändert die Vorraths-Summe zwar nicht unmittelbar, zeigt aber, daß zu eben der Zeit, die Nachfrage nach andern Dingen sich vermehrt hat, und ist ein Vorbote von künftiger Verkleinerung der Menge und so dem National-Wohlstande nachtheilig.

Preis-Erhöhung als Folge veränderter Nachfrage zeigt keine Vorraths-Veränderung nothwendig an.

Preis-Erhöhung als Folge vermehrter Nachfrage leitet den Gewerb-Fleiß der Nation in diesen Kanal, und entzieht ihn andern Geschäften, und es entsteht Verringerung der Menge im Ganzen.

§. 39.

Privat-Reichthum und National-Wohlstand werden wahrscheinlich niemals in gleichem Verhältnisse zunehmen.

§. 40.

Veränderungen in der Menge des Vorraths und in der Nachfrage, verändern nicht allein den Werth der Dinge, in Absicht derer diese Veränderung eintritt, sondern den aller übrigen Dinge.

§. 41.

Tauschwerth (den jede Sache, die ein Theil des Individual-Reichthums ist, haben muß) ist ein Mittel um den Grad des Verlangens auszudrücken, den man nach irgend einem Theil des Wohlstandes hat, und hiernach bestimmt er die Summe und Beschaffenheit dessen, was hervorgebracht wird.

§. 42.

So wie Verminderung im Vorrath, Veränderung im Preise erzeugt; so wirkt Nachfrage in eben dem Grade auf den Vorrath. Ist die Menge vermehrt, ohne verhältnißmäßige Zunahme der Nachfrage, so folgt Werths-Verringerung, und hieraus Verringerung der Summe, welche von dieser Sache gebaut oder gemacht wird. Ein Theil des Gewerbfleißes der Nation wird entbehrlich, und geht zu Bildung anderer Gegenstände über: und so nimmt der durch Ueberfüllung gesunkene Werth dieser Waare wieder zu.

Eben so: Ist die Menge vermindert, so wirkt Nachfrage dahin, daß der Bedarf wieder da sey, nicht allein durch den Reiz den die Preis-Erhöhung bei dieser Waare selbst giebt, sondern noch mehr dadurch, das die nothwendige Preis-Verringerung bei andern Dingen, einen Theil des Gewerbfleißes der Nation, diesen entzieht, und auf den Gegenstand leitet, dessen Menge noch nicht dem Bedarf gleich ist.

Drittes Kapitel.

Quellen des National-Wohlstandes.

Land, Arbeit und Kapital.

§. 1.

In jedem Zustande der menschlichen Gesellschaft zieht der Mensch seinen Unterhalt, aus Land, Arbeit und Kapital. Wenn er eine Frucht pflückt, so ist Rente, Arbeit und Kapital (der Stein oder der Stock womit er die Frucht abschlägt verrichtet die Dienste des Kapitals) da.

Land.

§. 2.

Im rohesten Zustande sucht der Mensch die Produkte sich bloß eigen und brauchbar zu machen.

Nachher erweitert sich sein Verlangen, und es muß Arbeit und Kapital dazu kommen, um die Menge zu vermehren, und die Beschaffenheit der Dinge zu verbessern.

§. 3.

Alles Nützliche was die Erde hervorbringt ist Vermehrungstheil des National-Wohlstandes.

Die Physiokraten nehmen dagegen

a) Land als die einzige Quelle des National-Wohlstandes an,

b) der Saame, und die Produkte welche die ländlichen Arbeiten verzehren, können ihrer Meinung nach, nicht Theile des National-Wohlstandes seyn. Sie betrachten dies wie eine Maschiene, wie eine Sache, die niemals zum Markte kommen, also niemals auf den Preis Einfluß haben, und daher kein Theil des National-Wohlstandes oder Privat-Reichthums seyn kann. Sie betrachten beides als unveränderlich.

c) Wohlfeilheit der Produkte, behaupten sie, sey dem Volke nachtheilig. Sie sezzen

d) den National-Wohlstand mit dem Werth der Produkte in gleiches Verhältniß.

e) Ueberfluß und hoher Preis — obgleich beide wie Hitze und Kälte sich einander entgegen stehen — sind, ihrem System nach, gleich nothwendig zu Erlangung von National-Wohlstand.

Den Saamen kann man zu den in Absicht der Menge des Bedarfs unveränderlichen Dingen rechnen, aber auf die Verzehrung der Arbeiten hat Wohlfeilheit und Theurung einen bedeutenden Einfluß. Es wird weniger verzehrt, und kommt verhältnißmäßig mehr zu Markte, wenn das Getreide theuer als wenn es wohlfeil ist. Wenn ferner der Unterhalt des Arbeiters keinen Theil des National-Wohlstandes bildet, so wird dieser in dem Grade vermehrt, als man dem Arbeiter seine Bedürfnisse entzieht, denn um so mehr kommt zu Markte, und um so größer ist der reine Ertrag, also ihrer Meinung nach, der National-Wohlstand.

Alles beruht darauf, daß der Unterschied zwischen National-Wohlstand und Privat-Reichthum gehörig bestimmt sey. Besteht der erste in dem Besitz aller Dinge, welche der Mensch erlangen kann; so ist die Nahrung des ländlichen Arbeiters eben so wie die jedes andern ein Theil des National-Wohlstandes. Selbst der Saame gehört dazu; denn es kann ja keinen Unterschied machen, ob eine Sache unmittelbar dem Verlangen der Menschen genüget, oder dazu bestimmt ist, um ein Bedürfniß späterer Zeit zu bilden.

§. 4.

Alle Früchte der Erde sowohl, als des Berg-Baues und der Fischerei, sind Theile des National-Wohlstandes.

Arbeit.

§. 5.

Daß Arbeit, angewendet auf Vermehrung des Boden-Ertrages, Quelle des National-Wohlstandes sey, geht daraus hervor: daß 50 Acres einen Irokesen, und 50 Acres in China 500 Menschen ernähren. Arbeit auf Produktion angewendet, trägt am mehresten zu Vermehrung des National-Wohlstandes bei, und hat darin vor jeder anderen Art von Arbeit einen so entschiedenen Vorzug, daß diese von den Physiokraten unproduktiv genannt wird. Sie betrachten eine Sache nur in sofern als Theil des National-Wohlstandes, als sie Tauschwerth hat, und nehmen an, daß der Bearbeiter des rohen Materials, seinem Fabrikat gerade nur so viel an Werth zusetzt, als er während der Arbeit verzehrt, daß er also nur den Wohlstand erhält, nicht vermehrt.

§. 6.

A. Smith sucht dies zu widerlegen:

1. durch das Beispiel einer Ehe mit 2 Kindern, die man deshalb, weil sie bloß das menschliche Geschlecht erhält, nicht unproduktiv nennt.

Dies Beispiel spricht aber nur für die Physiokraten, denn durch eine solche Ehe würden die Menschen nur erhalten, nicht vermehrt.

2. dadurch, daß er zwischen Bedienten- und Fabrikanten- oder Kaufmanns-Arbeit einen Unterschied macht, welches die Physiokraten nicht thun. Er nennt die letzte produktiv, weil sie sich an einem Gegenstande fixirt, so daß die Summe des Natio-

nal-Wohlstandes erhalten wird, was bei der ersten nicht der Fall ist.

3. dadurch, daß er annimmt: der Manufakturist der während einer Arbeit 10 L. Sterling verzehrt und diese fixirt, macht, daß aus den von ihm consumirten 10 L. Sterling, wieder 10 L. Sterling werden, und der National-Wohlstand also, wenn man von der Zeit abstrahirt, in Absicht dieses Gegenstandes von 10 auf 20 L. Sterling erhöht wird. Er läugnet gar nicht, daß diese 20 L. Sterling zu einer Zeit niemals existirt haben, sondern nur immer 10 L. Sterling da gewesen sind, meint aber, daß wenn diese 10 L. Sterling von einem Bedienten verzehrt wären, sie gänzlich verlohren seyn würden.

Ohne weitere Auseinandersezzung wird man finden, daß hiedurch die Meinung der Physiokraten nicht aufgehoben wird. Und wenn Wohlstand vom Tauschwerth abhängt, ist es nicht zu begreifen, wie selbst bei der zulezt aufgestellten Ansicht, das National-Vermögen durch Arbeit der Manufakturisten vermehrt werden kann.

§. 7.

Bei Beantwortung der Frage:

ob die Arbeit des Manufakturisten oder Kaufmanns produktiv sey, oder nicht?

kommt es darauf an, ob

a) National-Wohlstand durch den Preis oder Tauschwerth bestimmt werde, oder

b) ohne Rücksicht darauf, in dem Ueberfluß an allen Dingen die man verlangt, bestehe.

§. 8.

Nimmt man sogar das erste an, daß nämlich der Tauschwerth der Dinge den Wohlstand bilde; Werth die Basis des Reichthums überhaupt sey, und daß Vermehrung des Werths, Vermehrung des Reichthums erzeuge; so ist es klar, daß die Arbeit der Manufakturisten und Kaufleute den National-Reichthum doch vermehrt; denn z. B. der Maler, dessen Stück 1000 Thaler gilt, hat Behufs seiner Bildung und Erhaltung diese 1000 Thaler nicht nothwendig verzehrt. Dies Beispiel wird noch auffallender, wenn man dazu annimmt, das der hohe Preis vielleicht erst 100 Jahre nach dem Tode des Künstlers entsteht.

§. 9.

Nimmt man das 2te (das richtige) an; so erfordert dies folgende Untersuchung:

Ueberfluß im Vergleich zur Nachfrage, bildet Wohlstand.

Ueber-

Ueberfluß verringert den Preis.

Ueberfluß — zum Extrem vernichtet sogar den Preis. So lange aber noch Tauschwerth existirt, wird der geringst=möglichste Preis des Kunstwerks durch die Erhaltungs=Kosten des Künstlers bestimmt, denn sonst würde er nicht existiren, und aus diesem allen folgt:

daß der Lohn, der den Erhaltungs=Kosten des Künstlers gleich ist, den größten Grad des allgemeinen Wohlstandes in Sachen der Kunst anzeigt.

§. 10.

Hiernach entsteht der Werth, den der Manufakturiste bei dem jetzigen Zustande der Dinge, bei Bearbeitung des rohen Materials, diesem wirklich zusezt, nicht bloß daraus was er verzehrt, und daran fixirt, sondern durch die Seltenheit künstlerischer Vollkommenheit. Es entsteht ein Preis, gleich dem Monopolien=Preis, der der höchste ist. Nun ist Künstler=Vollkommenheit nicht allgemein, und dadurch werden die Künstler in gewisser Art berechtiget, eine Abgabe aufs Publikum zu legen. Dies könnten sie nicht, wenn ihre Zahl größer, an Künstlern Ueberfluß wäre; denn alsdann würde ihr Lohn, durch den Betrag ihrer Erhaltungs=Kosten bestimmt.

In diesem Fall, würde der höchste Grad des Reichthums in Absicht der Kunstsachen und doch noch Tauschwerth dabei statt finden. Dies kann aber niemals eintreten, weil Fleiß, Talent und Geistes-Fähigkeiten überhaupt hier stets Verschiedenheiten erzeugen.

§. 11.

Im Werth des Landes ist ein großer Unterschied. Ein Feld ist fruchtbarer als das andere. Würden alle Felder gleich fruchtbar seyn; so hätten sie gleichen Werth, wären alle Menschen gleich geschickt, so wäre die Meinung der Physiokraten richtig und die Arbeit des Manufakturisten und Künstlers hätte, ihrem Sprachgebrauch nach, wirklich keinen Werth. So lange dies aber nicht ist, ist das fruchtbare Feld mehr werth als das weniger fruchtbare, und bleibt die Arbeit des Manufakturisten und Künstlers produktiv.

§. 12.

Wären selbst die Kunstwerke und Fabrikate in einem solchen Ueberfluß, daß ihr Werth nur die Erhaltungs-Kosten des Küstlers und Fabrikanten betrüge, so würde die Arbeit des Künstlers, so lange Menschen diese Waare verlangen, noch immer produktiv seyn, so wie Wasser ein Gegenstand des National-Wohlstandes ist.

§. 13.

Nur allein dadurch, daß die Physiokraten National-Wohlstand und Privat-Reichthum mit einander verwechselten, und den ersten bald so betrachteten, daß er nur durch Tauschwerth bestimmt werde, bald so, daß er in dem Ueberfluß an Dingen, die man verlangt, bestehe, war es möglich, daß sie ihre Lehre von produktiver und unproduktiver Arbeit erhalten konnten; denn, angenommen daß ein Manufakturist oder Künstler nur den Werth dessen was er verzehrt, seinem Werke zusezt; so ist seine Arbeit immer produktiv, denn das was er verzehrte, war ein Gegenstand des Verlangens, gehörte also zum National-Wohlstande. Dadurch daß es dem Verlangen des Arbeiters genügte, erfüllte es seinen Zweck, und was der Künstler zusezte, gehört wieder als Gegenstand des Verlangens zum National-Wohlstande, und ist von ihm neu erzeugt.

§. 14.

Nach der Meinung der Physiokraten ist es gleichgültig, ob ein Fabrikat, oder dessen Material und die Nahrung, die der Arbeiter während der Verfertigung der Waare verzehrt haben würde, exportirt wird. Sie nehmen sogar an, daß die lezte Art der Exportation Vorzug vor der ersten habe. Verständen sie unter National-Wohlstand das, was hier angenommen ist; so würden sie finden, daß der ersten Art der Exportation das Land eine größere Menge fremder Erzeugnisse erhalte, und daß während der Fabrikation ein Staats-Bürger einen Theil des National-Wohlstandes, — Gegenstände seines Verlangens — sich eigen gemacht habe.

§. 15.

Adam Smith betrachtet die Manufakturisten und Künstler, als produktive Arbeiter und bestimmt den Unterschied der produktiven Arbeit von der unproduktiven bloß darin, daß bei der ersten sich die Arbeit an einem verkäuflichen Gegenstande fixirt. Er gründet also den Unterschied nicht auf die Art der Arbeit, sondern auf den Gebrauch der davon gemacht wird, und auf die Dauer.

Der Koch der eine Torte macht, welche man gleich nach deren Verfertigung verzehrt, ist hiernach ein unproduktiver Arbeiter; wird die Torte aber in einen Kuchen-Laden gesezt, so ist die Arbeit produktiv. Der Arbeiter, der ein Stück Tuch macht, welches gleich nach der Verfertigung verbrennt, ist ein unporduktiver Arbeiter, wird das Tuch verkauft, so ist seine Arbeit produktiv.

§. 16.

Ist Tauschwerth die Basis des National-Wohlstandes, so folgt schon daraus, daß eine Arbeit bezahlt wird, daß sie produktiv ist. Besteht National-Wohlstand aber in dem Ueberfluß alles dessen, was man will; so ist jede Arbeit produktiv, wodurch das Verlangen eines Menschen befriedigt wird, oder die dazu beiträgt. Es ist hierbei durchaus gleichgültig, ob dies gleich nachdem die Arbeit verrichtet ist, oder später geschieht.

Kapital.

§. 17.

Wie kann Kapital Ertrag geben?

A. Smith sagt: der Profit vom Kapital entsteht aus dem Werthe, den der Arbeiter dem rohen Material zusezt. Es ist aber dann eine abgeleitete, keine erste Quelle des National-Wohlstandes. Der Profit ginge durchs Kapital, nur aus der Tasche des Arbeiters, in die des Kapitalisten.

Turgot sagt: Gewinn am Kapital ist nur Entschädigung dafür, daß der Kapitalist sein Kapital nicht auf Land angelegt hat. Dies giebt aber, der Erfahrung nach, in Absicht der Höhe des Profits, nicht die Regel, und durch diese Aeußerung wird die Quelle, woraus der Profit entsteht, nicht gezeigt.

§. 18.

Kapital wird angewendet:

1. von dem Manufakturisten, zu Errichtung und Erhaltung von Maschinen.

2. zu rohen Materialien, Lohn, Vorschuß, Transportkosten überhaupt zum innern Verkehr.
3. zum äußern Handel,
4. in der Landwirthschaft,
5. zur Circulation.

§. 19.

Das bloß verliehene Kapital gehört nicht hieher, denn giebt man es einem Land-Eigener, so wird der Verleiher Theilhaber an der Rente, giebt man es auf persönliche Sicherheit; so wird der Verleiher, je nachdem es angelegt wird, Theilhaber an dem Ertrage der Arbeit oder des Kapital-Profits.

Der Gewinn, den ein ausgeliehenes Kapital bringt, ist bloß ein übertragener Gewinn von einem zum andern, und man kann ihn nicht als Hauptquelle des Einkommens betrachten.

§. 20.

Es sind nur die angeführten 5 Arten, in denen Kapital benutzt werden kann, und selbst in diesen 5 Fällen kann zuweilen ein Theil des Gewinns mehr zugeeignet (§. 19.) als erzeugt genannt werden.

§. 21.

In jedem Fall, wo Kapital Gewinn bringt, kann dieser in den angeführten 5 Fällen nur entstehen:

A. wenn das Kapital Arbeit erspart, die sonst durch Menschenhände verrichtet werden müßte, und

B. wenn das Kapital Arbeit verrichtet, welche ein Mensch sonst nicht verrichten kann.

Profit von der ersten Anwendungs-Art (§. 18.) durch Maschinen.

§. 22.

Z. B. ein Pflug,

ad A. (§. 21.) erspart wenigstens 300 Hände,

ad B (§. 21.) durch eine Stricknadel wird Arbeit verrichtet, die ohne diese nicht verrichtet werden kann. Der Strumpfweber-Stuhl erspart wieder (§. 21. A.) eine Menge Stricker.

§. 23.

Daß die Maschine hier die Quelle des Profits ist, geht daraus hervor, daß die Summe des dadurch ersparten Arbeitslohns die Kosten der Maschine, welche dafür gegeben werden können, bestimmt, und darnach auch die Nützlichkeit der Maschine berechnet wird.

§. 25.

Der geringe Gewinn, den die Eigenthümer von bekannten Maschinen, im Vergleich zu der durch sie ersparten Arbeit im Allgemeinen ziehen, scheint zwar dagegen zu streiten; aber Maschinen müssen, damit sie vorzugsweise gewählt werden, immer wohlfeiler als Menschenhände arbeiten, und dadurch wird schon der Preis der Maschine geringer; aber noch mehr: der wirkliche Profit, der von einer Maschine, wenn sie allgemein angenommen ist, gezogen werden kann, bestimmt sich nach eben den Grundsäzzen, als die Pacht von einem Felde, die Bezahlung eines Künstlers oder der Preis irgend einer andern Sache, nämlich durch das Verhältniß der Zahl der vorhandenen Maschinen, zu der Zahl derer, welche verlangt werden.

§. 25.

Gewinn vom Kapitale, welches in einer Maschine angelegt ist, wird aus einem Fonds bezahlt, welcher wenn die Maschine nicht da wäre, zu Bezahlung des Lohns der Arbeit, welche die Nation jetzt erspart, bestimmt seyn würde; denn, wollten die Eigener der Kapitalien, welche auf Maschinen angelegt sind, sich verbinden, und mehr Gewinn davon ziehen, als der Werth der dadurch ersparten Arbeit beträgt; so würde man sich nicht der Maschinen bedienen, und das was sonst darauf verwandt wäre, als Arbeitslohn ausgeben. Der Haß und Widerwille den Arbeiter gegen Maschinen haben, beweiset dies auch; sie fürchten, daß der Theil des National-Einkommens, der zu Belohnung ihrer Arbeit zeither bestimmt war, durch die Maschinen in Gewinn am Kapitale verwandelt werden wird.

Profit von der zweiten Anwendungsart. (§. 18.)

§. 26.

Dieser entsteht in eben der Art als bei der Anwendung des Kapitals auf Maschinen. Kapital zum inneren Verkehr angewendet, erzeugt dem Eigner, neben dem Gewinn, den ihm das Kapital als solches bringt, noch einen besondern Gewinn. (§. 20.)

§. 27.

Wäre in einer Nation kein Kapital zum innern Verkehr, und insbesondere zur Strumpf-Fabrikation angewendet, so würde

a) der Consument, der ein Paar Strümpfe haben will, von seinem Kapital einen Theil zum Woll-Einkauf, zu Bezahlung des Spinner- und Färber-Lohns, bevor er die Strümpfe hat, abnehmen müssen, und dadurch einen Verlust an dem Profit leiden, den er gehabt haben würde, wenn er sein Kapital, wie bisher angewandt hätte;

b) müßte er Arbeit darauf verwenden, die Wolle auszusuchen, sie zum Spinner, Färber und Fabrikanten zu bringen, und das Fabrikat nach Hause zu tragen. (§. 26.)

§. 28.

Ist nun Kapital in dieser Art angelegt, so ist derjenige, der dem Consumenten die sub a aufgeführten Ausgaben erspart, zu einem Profit berechtigt. Dieser Profit wird dadurch aber nicht erzeugt, und entsteht nicht aus dem auf die erste Art (27 a) angelegten Kapital, sondern wird aus dem Kapital erzeugt, welches bei dieser Operation in den Händen des Consumenten bleiben kann, und entweder durch Land-Rente, durch Ackerbau selbst oder durch jede andere Art, wodurch Arbeit erspart wird, Profit giebt.

Der Profit entsteht hier bloß aus der zweiten Art der Anwendung des Kapitals (27 b.) weil dadurch für den Consumenten Arbeit erspart wird, die derselbe sonst hätte thun müssen.

§. 29.

So wie bei der Maschine (§. 23.), bestimmt der Werth dieser verschiedenen ersparten Leistungen (§. 27.) auf der einen Seite den Gewinn, den der Kapital-Eigner machen kann, und auf der andern Seite die Nüzlichkeit der Operation.

Z. B. 6 Pf. wäre der Vortheil des Kapitals, welches der Consument sonst zu Auslagen (§. 27. a) hätte verwenden müssen.

6 Schilling der Werth der ersparten Arbeit,

so ist der höchste Preis welchen der Kapitals-Eigner außer den baaren Auslagen annehmen kann, = 6 S. + 6 Pf.

§. 30.

Ist Concurrenz dabei; so wird der Profit durch das Verhältniß der Nachfrage zur Anerbietung geringer bestimmt.

§. 31.

Wenn der Kapital-Eigner den Consumenten Arbeit erspart, substituirt er auf keine Weise eine gleiche Menge von Arbeit. Sein Kapital operirt, nicht er. Er thut vielleicht das Geschäfte von 300 Consumenten durch eine Reise; und Karren, Boote und viele andere Maschinen, welche Arbeit ersparen, sind beim großen Verkehr anwendbar, die der einzelne Consument nicht anwenden könnte.

§. 32.

Profit von der dritten Anwendungs-Art. (§. 18.)

So wie beim innern Handel, entsteht auch hier der Profit allein durch Ersparung von Arbeit durch Kapital.

§. 33.

Es finden dabei eben die Regeln statt, nur mit dem Unterschiede, daß hier noch ein Geschäfte (die See-Schiffahrt) dazu kommt, welches menschliche Arbeit nicht ersezzen kann. (§. 21. B.)

Profit von der vierten Anwendungs-Art. (§. 18.)

§. 34.

Arbeit ist das einzige Mittel, um die Fruchtbarkeit des Bodens zu vermehren. Nur durch Arbeit können Nahrungs- und Kleidungs-Mittel der Erde in hinreichender Menge abgewonnen werden.

§. 35.

Auch hier entsteht der Kapitals-Profit allein aus Ersparung von Arbeit, welche der Mensch sonst selbst zu verrichten genöthigt seyn würde, oder aus der Verrichtung von Arbeit die er nicht leisten kann (supplanting labour.).

In den Pflügen, Spaten, Pferde, Vieh, Gebäuden, Wagen ꝛc. steckt das Kapital.

§. 36.

Wenn ein Landwirth Kapital auf Düngung d. h. darauf verwendet, daß er den Boden mischt, so verrichtet er Arbeit, und der Gewinn entsteht aus ersparter Arbeit, welche er sonst verrichten müßte, um dasselbe Quantum Produkte hervor zu bringen. Wird dadurch die Fruchtbarkeit eines Feldes verdoppelt, so daß die Arbeit eines Acres das hervorbringt, was sonst die Arbeit von 2 Acres würde hervorgebracht haben, so ist dadurch die Hälfte der Arbeit erspart. Legt er sein Kapital in besonderem Saamen, oder besonderem Fett-Vieh an, so thut er es, um mit gleicher Arbeit mehr Korn oder Fleisch hervorzubringen.

§. 37.

Nur in sofern kann dem Menschen irgend etwas Beistand bei der Vermehrung der Fruchtbarkeit des Bodens gewähren, als es für ihn Arbeit verrichtet, ihm also diese erspart, oder solche Arbeit leistet, die menschliche Kräfte allein nicht verrichten können.

Profit von der fünften Anwendungs-Art. (§. 18.)

§. 38.

Wenn man untersucht, wie der Theil des National-Kapitals, welcher zur Führung der Circulation angewendet ist, Gewinn bringen kann; so muß man unterscheiden:

1. das, was das circulirende Kapital bildet,
2. von den Dingen, welche mit Hülfe vom Kapital circuliren.

§. 39.

Zu dem ersten gehört in Europa: Münze und deren Stellvertreter, welche das Bank- und Wechselwesen erzeugt hat. Gold und Silber ist als Münze wegen ihrer Näzlichlichkeit bei Substitution (supplanting) der Arbeit allein geschäzt. Darin beruht auch der Werth der Banken.

§. 40.

Geld ist dem Menschen nüzlich:

a) als Tauschmittel und

b) als eine praktische Norm,

nach welcher der Werth aller Dinge gemessen und bestimmt werden kann.

§. 41.

In beiden Rücksichten, ist Geld nur durch Arbeits-Ersparung nüzlich.

§. 42.

Man nehme das Geld weg, so tritt bloß Tausch ein. Der Landwirth z. B. geht, um Schuhe zu haben, mit Weizen zum Schuhmacher, und muß suchen bis er einen findet, der Weizen nöthig hat. Braucht kein Schuhmacher Weizen, so muß er ausmitteln, was die Schuhmacher nöthig haben; ist dies Bier, so muß er sich erst Bier besorgen, als Vorbereitung zu seinem Geschäfte mit dem Schuhmacher. Braucht der Brauer nun keinen Weizen, so muß er noch das Bedürfniß des Brauers erst ausmitteln, und zu erhalten suchen.

Alle diese Mühe erspart das Geld. Dazu kommt:

§. 43.

daß, wenn kein Geld wäre, es ganz an einem Maaßstabe des Werths der Dinge fehlen würde, so daß in jedem Fall erst die besonderen Bedingungen des Tausches, um den relativen Werth zu bestimmen, festgestellt werden müßten. Wollte der Brauer auch Weizen nehmen, und der Landwirth Bier haben, und hätten sie vorher noch nicht getauscht; so würde es ihnen an einem Maaßstabe fehlen. Hätte jeder von diesen ein Viertel eines Schaafs schon für eine gleiche Sache, als er jetzt vertauschen will, zuvor zufällig eingetauscht, nur denn erst würden sie einen Maaßstab haben. Ist dies aber nicht der Fall, so bleibt die Werths-Bestimmung beim Tausch sehr schwürig.

Kann dieser nicht bestimmt werden, so entscheidet das Verhältniß der Nachfrage zum Anerbieten, wovon der relative Werth aller Dinge abhängt.

§. 44.

Kein Theil des National-Kapitals erspart einen größern Theil Arbeit, und ist wohltätiger als Geld.

§. 45.

Die Arbeit des Manufakturisten fixirt sich selbst an einer verkäuflichen Sache.

Die Arbeit eines Bedienten nicht. Die Arbeit einer Manufaktur-Maschine gehört zur ersten Klasse. Das circulirende Kapital operirt auf die letzte Art, und verrichtet Arbeit, die der Herr sonst selbst hätte verrichten müssen.

§. 46.

Münze, wird nicht des Goldes und des Silbers wegen welche sie enthält, sondern deshalb so sehr gesucht, weil sie Arbeit erspart. Sie erfordert aber auch, wie andere Dinge, welche Arbeit ersparen, zu ihrer Erlangung Arbeit, wenn gleich nur wenig. Sie zu transportiren, ist beschwerlich. Um diese Arbeit zu ersparen sind Banken entstanden. In Schweden, wo beinahe nur Kupfer-Münze ist, wurden die Banken erfunden.

§. 47.

Ein Land hat Gewinn, welches ein wohlfeileres Tauschmittel als ein anderes hat; insbesondere wenn es an Kapital mangelt. Dies hat aber auf das Verfahren des einzelnen Individuums keinen Einfluß. Dem Verkäufer ist die Art der Zahlung gleich, vorausgesezt daß das, was er erhält, gleichen Werth mit dem hat, was er haben will. Den Einzelnen interessirt das, was er hervorbringt, oder verzehrt, aber Münze oder deren Stellvertreter werden niemals verzehrt; sie geht nur aus einer Hand in die andere, um durch den Tausch, Arbeit zu ersparen, und der Einzelne kann nur das Interesse haben, dabei so viel Arbeit als möglich zu ersparen. Daher ist Silber besser als Kupfer, von gleichem Werth mit dem ersten;

Gold

Gold besser als Silber, und Wechsel sind im großen Handel besser als Gold.

§. 48.

Auch selbst beim Kriege erspart es Arbeit. (Subsidien.)

§. 49.

Aus diesem allen folgt: Kapital, es ruhe oder es laufe, es sei im innern oder äußern Verkehr angelegt, sezt nicht Arbeit in Bewegung oder vermehrt die produktive Kraft der Arbeit an sich, sondern ist nur in sofern nüzlich, daß es einen Theil Arbeit erspart, oder Arbeit verrichtet, die kein Mensch verrichten kann.

§. 50.

Die Meinung daß Kapital Arbeit in Bewegung sezze, und die hervorbringende Kraft der Arbeit vermehre, hat zur Folge gehabt, daß man annahm: Arbeit stehe immer mit der Größe des vorhandenen Kapitals,

der allgemeine Gewerbfleiß eines Landes stehe immer mit dem Kapital im Verhältniß;

daher sey:

Vermehrung des Kapitals das höchste und unbeschränkte Mittel zu Vermehrung des National-Wohlstandes.

§. 51.

Dagegen giebt der Satz: Kapital ist nur dann einem Lande wohlthätig, wenn es Arbeit erspart, oder hervorbringt, die sonst nicht verrichtet werden kann, den Schluß:

daß ein Land nicht mehr Kapital gebrauchen kann, als es bei Verrichtung oder Ersparung von Arbeit, zu Hervorbringung von Dingen, nach welchen Nachfrage ist, anzuwenden im Stande ist.

Viertes Kapitel.

Ueber die Möglichkeit der Vermehrung des Wohlstandes durch andere Mittel, als wodurch er erzeugt wird.

§. 1.

Land bringt Gewinn durch die Früchte die es trägt. Arbeit, durch Vermehrung der Menge und Verbesserung der Beschaffenheit der Produkte, so wie dadurch, daß sie zum Verbrauch zubereitet werden, Kapital durch Ersparung von Arbeit, die entweder sonst mit Menschenhänden verrichtet werden müßte, oder ohne Beihülfe von Kapital von Menschen nicht verrichtet werden kann.

§. 2.

Die Quellen des National-Wohlstandes können nur Vermehrungsmittel seyn.

Vermehrung der Früchte, des Bodens und der Thiere die darauf gehalten werden, kann nur auf eben dem Wege statt finden, als sonst ihre Erzeugung geschah. Der Gewinn der Arbeit und des Kapitals kann nur durch vergrößerte Anstrengung vermehrt werden.

§. 3.

Die Meinung: daß Vermehrung des Reichthums der Individuen, Vermehrung des National-Wohlstandes sei, hat den Saz aufgestellt.

daß Sparsamkeit, oder Aufhäufung durch Entziehung dessen, was man haben kann, ein kräftiges Mittel zu Vermehrung des National-Wohlstandes sey.

Diese Enthaltsamkeit von Ausgaben, vermehrt aber nicht den Ertrag des Bodens, vergrößert nicht den Erfolg der Arbeit, oder erspart sie, ist also nur eine Art der Uebertragung des Reichthums von A auf B und von C auf D, aber kein Mittel zu Vergrößerung des National-Wohlstandes.

§. 4.

Aus dem angeführten Satz hat man folgendes gezogen:

der Verschwender ist ein Feind, der Sparsame ein Wohlthäter der Nation; Sparsamkeit vermehrt, und Verschwendung vermindert das National-Kapital, und derjenige, der gerade so viel ausgiebt, als er auszugeben hat, vermehrt und vermindert nicht das National-Kapital.

Es ist die genauste Prüfung dieser durch das Angeführte schon zum Theil widerlegten Meinung nothwendig.

§. 5.

Was verrichtet die durch Kapital ersparte Arbeit? Was ist das Kapital selbst? Nichts als ein Theil des Produkts der Erde, oder ein Theil der Erde selbst, dem Natur oder Kunst die Form gegeben hat, in der es Arbeit erspart.

§. 6.

Giebt es, im Verhältniß der Größe des National-Einkommens keine Grenzen, in denen ein Volk sein Einkommen in dieser Art mit Nuzzen anlegen kann?

Der Klarheit wegen, ist es nothwendig, bei Beantwortung dieser Frage, auf den einfachsten gesellschaftlichen Zustand zurückzugehen, wo das Kapital noch nicht alle die verschiedenen Formen bei der Arbeits-Verrichtung angenommen hat, und in alle die verschiedenen Ka-äle geflossen ist, wohin insbesondere ein ausgedehnter Handel und künstliche Finanz-Anordnungen es leiten.

§. 7.

In dem ersten National-Zustande, beim Landbauer, theilt sich sein Eigenthum in

a) Land, das er besitzt,

b) Getreide und Vieh, was er zur Verzehrung erbaut und erzeugt (Produkte seines Bodens vegetabilisch, und animalisch.)

c) Thiere oder Maschinen, die er zur Arbeits-Ersparung oder zur bequemeren Verzehrung dessen, was er erbaut, hält. (Kapital.)

§. 8.

Daß das Kapital (§. 7. c) ihm und der Gesellschaft in der er lebt, höchst wohlthätig ist, ist keinem Zweifel unterworfen; und wenn er diese Thiere und Instrumente nicht zureichend hat, so ist es rathsam, daß er seinen Gewerbfleiß vermehre, um die zureichende Menge zu erhalten.

Im äußersten Fall ist es sogar rathsam, daß er einen Theil seiner zu verzehrenden Masse aufopfere, und diesen verkaufe, um Thiere und Instrumente dafür zu erhalten, womit er künftig mehr hervorbringen kann.

§. 9.

Hat er aber schon so viel Kapital als er seiner Kenntniß nach anwenden kann, so ist es weder ihm, noch dem Publiko nüzlich, wenn er von seiner Nahrung oder Kleidung, überhaupt von seinem Wohlleben, in der Absicht, etwas abkürzt, um dadurch sein Kapital mehr zu vergrößern, als möglicher Weise zur Ersparung von Arbeit angewendet werden kann.

Wenn ein Landwirth mehr Arbeitsvieh als er gebraucht und halten kann, hält, mehr Pflüge, Spaten rc. hat, so gewinnt niemand dabei; im Gegentheil verliert seine Familie den Genuß dessen, was dies kostet. Das Publikum verliert noch mehr dabei; denn der Gewerbfleiß eines solchen Ersparers kommt dadurch aus einem nützlichen in einen nuzlosen Weg.

§. 10.

Solche Vorräthe erzeugen zwar bei ihrer Sammlung eine Nachfrage nach Arbeit verschiedener Art, z. B. des Schmidts, des Zimmermanns rc. verändern so das Verhältniß der Nachfrage zum Vorrath, erhöhen den Preis, und veranlassen die Vermehrung solcher Arbeit. Aber da diese Preis-Erhöhung, und die Vermehrung der Arbeit dieser Art, eine Verminderung der Ausgaben bei Dingen, welche unmittelbar verzehrt werden, erzeugen muß; so zieht sie von diesen die Nachfrage ab, verringert also deren Werth (25. — 26. rc. Cap. II.) und zwar in einem höhern Grade als der Werth der Arbeit, die mehr gesucht wird, durch die mehrere Nachfrage erhöht wird; z. B. der Reiz zur Hervorbringung von Nahrungs- und Kleidungsmitteln und anderer Artikel, welche, wenn man nicht Vorräthe gesammelt hätte, verzehrt seyn würden, ist in einem viel höheren Grade verringert als der Reiz zur Bildung der Dinge vermehrt ist, die aufgesammelt werden sollen.

§. 11.

Selbst auf den Individual-Reichthum hat die Nachfrage, welche Aufhäufung erzeugt, einen nachtheiligen Einfluß.

Es ist nemlich zwar erwiesen, daß schnelle Nachfrage eines Consumtions-Artikels dessen Werth erhöht, dadurch dessen Production vermehrt, und hiedurch wirklich der National-Wohlstand vergrößert wird. Es ist aber auch gezeigt, daß diesem Vortheil die Werths-Verringerung anderer Artikel entgegensteht, weil die schnelle Nachfrage nach einem Artikel einen Theil der Nachfrage nach anderen aufhebt, und so

> das Hinderniß, daß der Hervorbringung durch Entziehung der Nachfrage gesezt wird, den Wohlstand mehr verringert, als der Reiz ihn erhöht, der durch vermehrte Nachfrage nach einigen Artikeln erzeugt wird (25. 2c. Cap. II)

Der Verlust an der verringerten Nachfrage bei einigen Artikeln, z. B. nach Wein, Senf, Fleisch, wird freilich durch den erhöheten Preis des gesuchten Artikels, z. B. des Zuckers, beim Individual-

Reichthum, wie oben angezeigt ist, einigermaßen ausgeglichen. Aber:

§. 12.

Wenn die Verringerung der Nachfrage nach Fleisch, Wein, Senf dadurch entsteht, daß Landwirthe Kapital, das ist: Pflüge und Acker-Instrumente mehr als sie gebrauchen, auffammeln wollen, alsdann vermehrt sich die Summe dieser Artikel in dem Verhältniß der Nachfrage, und dadurch wird auch deren Werth verringert, so wie solches beim Fleisch, Wein und Senf, denen im Gegentheil die Nachfrage entzogen ist, der Fall war. Auf diese Art erzeugt: unzweckmäßiges Sparen, Verringerung der Nachfrage, selbst in dem Artikel, für den es anfangs Nachfrage erzeugte, und der National-Wohlstand leidet durch den Erfolg der Werths-Verringerung, die sowol in Absicht der verlangten als der entbehrten Artikel eintritt.

§. 13.

Das Publikum leidet bei einer übertriebenen Sparsamkeit:

a) dadurch, daß mehr Capital gebildet wird, als es gebraucht, und

b) dadurch, daß der Reiz zur Wieder-Erzeugung verringert wird.

ad a. Mit dem Kapital geht es, wie mit jeder Sache, die in einem solchen Maße da ist, daß das Ganze nicht angewendet werden kann. Ein Theil hört auf ein Gegenstand des Verlangens zu seyn, und so hört er auch auf ein Gegenstand des Individual-Reichthums oder National-Wohlstandes zu seyn. Der schönste Pallast in Delhi steht leer, und Waarenhäuser zu Antwerpen sind nur Denkmäler des ehemaligen Handels.

ad b. Wenn man einen Theil des Reizes zur Wieder-Erzeugung entzieht; so entsteht eine Verringerung in der Summe der Dinge, die hervorgebracht werden, und also im Wohlstande. Der Produzent und Fabrikant folgen der Nachfrage, und die Summe des auf einen Artikel verwandten Gewerbfleißes steht mit der Nachfrage darnach in genauem Verhältniß.

§. 14.

Alles dies tritt auch bei einem verwickelteren Gewerb-Zustande als (§. 7) angenommen ist, ein. Nimmt die Nation im Wohlstande zu, so wird

a) das Land durch bessere Bearbeitung fruchtbarer. Das verbesserte Landwirthschafts-System erfordert zwar mehr Capital, aber dies hat auch seine Grenze, und die Kapitals-Anwendung ist auch hier oder insofern zweckmäßig, als sie noch Vortheil bringt, also mit der Qualität des Feldes, der Einsicht und Kenntniß des Bearbeiters desselben, und allen Nebenumständen im Verhältniß steht.

b) Aus dem verbesserten Landbau, durch zweckmäßige Anwendung von Arbeit und Kapital, folgt Mehr-Erbau, aller zur Verzehrung geeigneten Dinge, als der zweite Theil des gesellschaftlichen Eigenthums.

Diese Art des Eigenthums scheint allein einer unbestimmbaren Vermehrung fähig zu seyn. Je mehr erbaut oder erzeugt wird, je mehr leben die Menschen im Wohlstande, und vermehren sich.

Ein Mitglied einer im Ueberfluß lebenden Gesellschaft verzehrt mehr, als das, einer dürftigen. Der erste bringt die Nahrungsmittel in eine ihm angenehmere Form; er wählt seine Kleidung und bestimmt sie bequemer und schöner, er zieht sogar aus entfernten Gegenden Bedürfnisse, und giebt dafür einen großen Theil seiner Erzeugnisse hin.' Und wenn, selbst auf allen diesen Wegen, der vermehrte Erbau nicht verzehrt wird, so würkt der Ueberfluß der Lebens-Mittel auf Vermehrung der Menschen. Dadurch stellt sich das Verhältniß zwischen Vorrath und Nachfrage wieder her, und so bleibt immer Reiz zum Wieder-Erbau.

§. 15.

Der 3te Theil des gesellschaftlichen Eigenthums: Kapital, nimmt bei Zunahme des Wohlstandes und der Kenntniß des Volks auch auffallend zu; dies zeigen Kanäle, Wege, Maschinen, die Größe des Umlaufs-Kapitals ꝛc. Aber es hat seine Grenzen, über welche hinaus es vortheilhaft nicht vermehrt werden kann.

§. 16.

In jedem Zustande der Gesellschaft, kann nur eine gewisse Summe Kapital, im Verhältniß des Bildungs-Grades des Volks, zur Arbeits-Ersparung und Verrichtung nützlich angelegt werden. Erweiterung der Cultur erweitert auch diesen Kreis, aber er hat immer seine Grenze.

§. 17.

Bei freiem Gange der Gewerbe vergrößert sich die Summe des Kapitals über diesen Punkt niemals, denn der Bedarf bestimmt den Werth, und dieser die Summe des Kapitals; übersteigt die Summe den Bedarf, so verringert sich der Werth des Kapitals so sehr, daß diese Werths-Verminderung wieder ein Hinderniß der Vermehrung wird. Dies ist auf alle Theile des Kapitals — man theile es in das fixe circulirende oder sonst auf irgend eine Art ein — anwendbar.

§. 18.

Es liegt in der gesellschaftlichen Einrichtung, daß dem Uebel, zu weit getriebene Sparsamkeit bei Einigen, Verschwendung bei Anderen entgegen würkt. Die Folgen des Geizes werden durch die Folgen der Verschwendung aufgehoben, und so wird weder durch das eine, noch durch das andere der National-Wohlstand vermehrt oder vermindert.

§. 19.

Es kann deshalb nicht weiter ein Gegenstand staatswirthschaftlicher Untersuchung seyn, ob die Ersparungssucht bei den National-Mitgliedern wirklich so viel Lob verdient, als Staats-Männer ihr zeither gegeben haben.

In Beziehung auf die höchste Gewalt, insofern deren Finanz-Operationen auf Ersparung abzwecken, verdient dieser Gegenstand noch einige Erörterung.

§. 20.

Schon Anno 1655 bestimmte Holland einen Theil der jährlichen Staats-Einkünfte zur Aufsammlung. Eben dies that Pabst Innocenz **XI.** im Jahre 1685. Auch England bestimmte in den Jahren 1717 und 1727 eine jährliche Summe von 1 Million 200,000 Thalern um in sich aufgesammelt zu werden.

Alle diese Sammlungen oder Sinking-founds, entstanden aus Ersparungen durch reducirte Zinsen, denn so weit war man nicht gegangen, Lasten auf das Volk in der Absicht zu legen, um ein Kapital zu sammeln.

Der Englische Sinking-found hörte schon im Jahr 1730 auf, weil — sagte man — wenn er auch der Gewalt entgehen sollte, er doch England zum Gegenstand des Schreckens und Neides der ganzen Welt machen würde. Nachher wurden nur von Zeit zu Zeit einzelne Summen zu Abtragung der National-Schuld angewandt. Erst im Jahr 1786 bestimmte man dazu jährlich eine Million und zwar mit der näheren Bestimmung, daß sie als Kapital betrachtet, dies vierteljährig abgeschlossen, und so lange gesammelt werden sollte, bis es mit den heimfallenden Annuitäten vier Millionen jährlich, betragen würde. Im Jahr 1792 wurde dies aufgehoben, und bestimmt: daß

a. die jährlich bewilligte eine Million L. Sterling so lange gesammelt werden sollte, bis das Kapital außer dieser jährlichen Million und außer den heimfallenden Annuitäten, 3 Millionen jährlich eintrüge.

b. außer der einen Million noch 200,000 L. Sterling jährlich dem Sinking-found angewiesen werden sollten, und

c. daß bei allen, nach dem Jahre 1792 gemachten Schulden Ein pro Cent zur Seite gelegt, und zur Tilgung des Capitals gesammelt werde.

Im Jahre 1799 wurde bei Bewilligung der Einkommen-Taxe, welche 10 Millionen jährlich betragen sollte, bestimmt, daß der Ertrag davon nach dem Frieden so lange aufgesammelt werden solle, bis er so viel, als die Summe der während dem Kriege vom Jahr 1799 abzumachenden Schulden betragen würde.

Das Einkommen des Sinking-Founds war damals schon so bedeutend, daß man voraus sehen konnte, es würde bei dem Ende des Krieges gewiß 5 Millionen betragen. Beim Frieden würden also incl. der Einkommen-Taxe, 15 Millionen von den Staats-Revenüen jährlich zur Aufsammlung bestimmt seyn. Wäre dies nur 2 Jahre geschehen; so würde der Nachtheil so groß gewesen seyn, daß dieser Plan sogleich hätte scheitern müssen. Er gleicht der Rechnung, daß 1 Pence, im Jahr 1 auf Zinsen ausgethan, wenn man Zinsen von Zinsen rechnet, im Jahr 1781 mehr betragen würde, als 200 Millionen Mal den Cubic-Inhalt des Erdballs in gediegenem Golde.

§. 21.

Wenn die Regierung 15 Millionen jährlich außerordentlich erhebt, um Kriegs-Kosten oder andere außergewöhnliche Ausgaben damit zu bestreiten; so giebt sie dies Geld für Verzehrungs-Gegenstände, beinahe sobald als sie es erhebt, aus, und gleicht dadurch die Ersparung aus, welche sie durch diese Abgabe bei ihren Unterthanen erzeugt hat. Der einzige Nachtheil, welcher alsdann für den National-Wohlstand entsteht, ist

a. ausgedehnte Nachfrage nach einer Art Waare und

b. die Folge davon, daß ein Theil des National-Einkommens auf die Gegenstände, worauf es sonst gewöhnlich verwendet ist, nicht verwandt wird. Dieser Nachtheil ist schon sehr wichtig. (§. 28. Cap. II.)

§. 22.

Würden nun aber 15 Millionen L. Sterling Staats-Revenüen zur Auffammlung, nehmlich zur Verwandlung in Capital jährlich erhoben; so entsteht

a) nicht allein der eben gedachte Nachtheil, sondern auch noch

b) der, daß der bei dem Volke erzwungenen Sparsamkeit, keine außer gewöhnliche Ausgabe entgegen gesetzt wird. Es findet zwar die Ausgabe zum Ankauf

kauf eines Kapitals statt, es werden Staats-Schuldscheine gekauft, aber das was dafür gegeben wird, wird in der Regel wieder Kapital.

Es wird für 15 Millionen Nachfrage auf einmal dem National-Markte entzogen.

Wenn nun

§. 23.

die Summe des Gewerbfleißes, welcher auf eine Waare verwendet wird, mit der Nachfrage nach der Waare im Verhältniß steht, und nur so viel Waare entsteht, als Nachfrage ist, so folgt daraus, daß jede Verringerung der Nachfrage auch eine Verminderung der Producte des National-Fleißes, und so des National-Wohlstandes erzeugt.

Werden also 15 Millionen jährlich dem National-Verkehr entzogen, so vermindert dies das Product des National-Fleißes um 15 Millionen. Dazu kommt noch, daß (24. Cap. II.) die Werths-Verringerung einer Waare, veranlaßt durch Verminderung der Nachfrage, jederzeit größer wird, als die Summe die ihr entzogen ist; hier also größer als 15 Millionen.

Bei dem angeführten englischen Schulden-Tilgungs-Plan kommt ferner folgendes in Betracht: Wenn 15 Millionen auf einmal abgetragen werden; so kommen die bisherigen Staats-Gläubiger in

Verlegenheit ihr Kapital wieder anzulegen. Kapital kann nur mit Nuzzen angelegt werden, wenn es, wie gezeigt, Arbeit erspart oder verrichtet, und es ist kaum zu glauben, daß gerade zu der Zeit, wenn eine Verringerung der Nachfrage um 15 Millionen gewaltsam erzeugt ist, sich neue Kanäle zu Anlegung von Kapitalien finden werden. Im Gegentheil sezt die Verringerung der Nachfrage um 15 Millionen zu eben der Zeit mehrere Kapitalien außer Thätigkeit.

Die ehemaligen Staats-Gläubiger können das, was sie für die Staats-Schuldscheine erhalten, nur dadurch benuzzen, daß sie es als Kapital zu geringeren Zinsen anbieten. Dadurch wird der Gewinn am Kapitale verringert. Wird er zu unbedeutend, so sucht man die Anlegung des Kapitals im Auslande; und von England dürften die Kapitalien dann zunächst nach Frankreich gehen, wo Mangel daran ist.

§. 25.

Erfahrung bestätigt dies. Als Pabst Innocentz XI. die Zinsen seiner Schuld von 4 auf 3 pro Cent ermäßigte, und die ersparte Summe zum Tilgungs-Kapital bestimmte, kamen bald nachher die mit 3 pro Cent zu verzinsenden Kapitalien auf 112 pro Cent. Nachdem man die National-Schuld in England im Jahr 1717 von 6 auf 5 pro Cent ermäßigte, und aus der Ersparung eine Tilgungs-Kasse gebildet hatte, war man wegen des hohen Preises der Staats-Schuld-Kapitalien, schon im Jahre 1727 im Stande die Zinsen wieder von 4 auf 3 pro Cent herabzusezzen. Diese Ersparung wies man der Tilgungs-Kasse zu, und dadurch veranlaßte man wieder ein Steigen der Staatsschuld-Kapitalien. Der große Kredit, den England damals hatte, der geringe Zinsfuß, der hohe Preis aller Staatsschuld-Kapitalien machte jeden Rentenirer wegen Abzahlung der Staatsschuld besorgt, und man nahm damals an, daß ohne Zerrüttung des Gewerbzustandes höchstens Eine Million jährlich abgetragen werden könne.

Auch die lezten 6 Friedensjahre liefern hierin merkwürdige Beispiele. Die Stoks stiegen vom Jahr 1787 bis Ende 1792 von 74 bis auf 96 pro Cent, obgleich während dieser Zeit mehr als sonst Gelegenheit zur Anlegung von Kapitalien auf Acker- Wege- und Kanal-Bau war, obgleich die Ausfuhr und Rhederei bedeutend zunahm, die Fabrikation durch Maschinen sich sehr vervollkommnete, und die Erweiterung der Production und Fabrikation ein größeres Circulations-Kapital erforderte. Es wurden in dieser Zeit 750 Parlaments-Bills zu

Wege- Brücken- Kanal- und Hafen-Bauten, zu Aufhebung von Gemeinheiten und andern Verbesserungen gegeben. Die Ausfuhr stieg von 16 auf 25 Millionen, die Rhederei von 980,000 auf 1400,000 Tonnen, und dennoch sank der Werth der Kapitalien, wie in Prozenten bemerkt ist, von 4 L. 1 S. 1 Pf. auf 3 L. 2 S. 6 Pf. jährlicher Zinsen pro Hundert, und damals wurde jährlich nur eine Million zum Tilgungs-Fonds bestimmt, welches während der 5 Jahre nicht mehr als 5,424,000 L. St. also etwa den 3ten Theil der Summe betrug, welche nach dem neuen Plan (§. 19.) schon in dem ersten Friedensjahr in Kapital verwandelt werden sollte.

Die Einkommen-Steuer trug statt 10 (§. 19.) zwar nur $5\frac{1}{2}$ Million ein. Die Tilgungs-Kasse hatte aber dennoch mit Einschluß ihrer sonstigen Revenüen dadurch etwa 11 Millionen L. Sterling jährliche Einkünfte gehabt, und dadurch auch schon den geschilderten Nachtheil in einem hohen Grade angerichtet.

§. 26.

Im Jahr 1802 wurde die Einkommen-Taxe aufgehoben; beide Tilgungs-Cassen die von 1786 und 1792 wurden vereinigt; die Vorkehrung, daß der alte Fond bis auf 3 Millionen gesammelt werden sollte (§. 19.) aufgehoben, und festgesetzt, daß bei neuen

Anlehen nicht mehr 1 pro Cent zur Tilgungs-Casse genommen, dagegen aber die bisherigen Tilgungs-Fonds so lange gesammelt werden sollen, bis die damals vorhandene Schulden-Masse von 488,987,656 L. St. damit abgetragen werden könnte.

§. 27.

Diese Operation erfordert die höchste Vorsicht. Während des Krieges werden die daraus entstehenden Nachtheile durch die außerordentliche Ausgabe, die der Krieg erfordert, zwar verringert; mit dem Ende des Krieges müssen aber die nachtheiligen Folgen bemerklich werden, denn: der Fonds betrug im Jahre 1804 schon so viel, wie der Betrag des Tilgungs-Fonds vom Jahre 1717 bis 1732 war, und dieser brachte den Werth des Kapitals von 6 auf 3 pro Cent.

Der Fonds war im Jahr 1804 schon größer, als die ganze Summe, welche während des letzten Friedens gesammelt war, und diese brachte die 3 pro Cent Stoks von 60 bis nahe an 100 pro Cent, d. h. den Werth des Kapitals von 5 auf 3 pro Cent. Dies wird Zerrüttung im National-Verkehr veranlassen.

Durch die um 6 Millionen verminderte Nachfrage kann der Preis der Dinge so heruntergehen, daß dies von dem Wieder-Erbau oder der Wieder-Fabrikation abschreckt. Folge des Mangels an Nachfrage kann hier gleich mit Folge des Ueberflusses werden. Endlich ist es zu besorgen, daß wenn die Kapitalien von 5 auf 3 pro Cent fallen, und die angeführten anderen Umstände auch mit dahin würken, daß Kapitalia unbenutzt bleiben, diese nach Frankreich gehen werden.

§. 28.

Es ist unmöglich, die Grenze zu bestimmen, wie tief die Zinsen durch fortgesetzte Aufhäufung des Tilgungs-Kapitals sinken müssen. Es wird dadurch fortwährend laufende Ausgabe in Kapital verwandelt, also die Konsumtion verringert, und die Nachfrage vermindert. Müßte alles Kapital nothwendig im Lande bleiben; so würde dessen Werth bald zu einer Kleinigkeit herunter sinken.

§. 29.

Daß es höchst wohlthätig ist, wenn durch erhöheten Gewerbfleiß eine Kapitals-Vermehrung bei einem Volke statt findet, ist keinem Bedenken unterworfen. Aber eben so nachtheilig ist es, wenn, wie das Parlament im Jahre 1802 verfügte, bestimmt wird, daß alle bis dahin gemachte Staats-Schulden binnen 45 Jahren abgetragen, also binnen dieser Zeit beinahe 500 Millionen Ausgabe in Kapital verwandelt seyn sollen. Dies übersteigt das im auswärtigen Handel angelegte Kapital mehr als 6 mal.

Fünftes Kapitel.

Von den Mitteln zu Vermehrung des National-Wohlstandes und den Ursachen, welche diese Vermehrung veranlassen.

§. 1.

Land, Arbeit und Kapital sind die einzigen Quellen des Wohlstandes, und dieser kann nur auf eben dem Wege vermehrt werden, auf dem er erzeugt wird.

Der Grad, in dem eine jede dieser Quellen zu Vermehrung des National-Wohlstandes beiträgt, hängt von dem Kultur-Zustande des Volks ab.

§. 2.

Im rohsten Zustande erlangt der Mensch den größten Theil seiner Bedürfnisse vom Lande. Seine körperliche Arbeit dabei ist nur gleich der der Thiere. Er nimmt das was er genießen will, und bereitet es sich zum Genuß vor. Der Theil der Arbeit ist alsdann geringe, der durch Kapital ersetzt oder verrichtet werden kann. Die Keule, womit er seinen Raub sich eigen macht, das hölzerne Messer, mit dem er es zur Verzehrung vorbereitet; die Hacken, womit er sich die Frucht zueignet, und das Geräthe, womit er diese Werkzeuge macht, bilden beinahe das ganze Kapital, das ein Wilder hat.

In diesem Zustande hängt die Erhaltung der Menschen allein von der Natur ab. Der Mensch hat alsdann, sowohl in der Auswahl der Früchte die er genießen will, als in der Art, wie er sie erhält und zum Genuß geschickt macht, vor dem Thiere nichts voraus; und doch ist selbst in diesem Zustande, Land nicht allein die Quelle seiner Erhaltung; es muß Arbeit dazu kommen.

§. 3.

Sobald der Mensch Hirte oder Ackerbauer wird tritt erst der Unterschied zwischen menschlicher und thierischer Thätigkeit bei ihm ein. Sie beschränkt sich nicht bloß darauf, daß er die zu verzehrenden Dinge sich zu eigen macht, und zum Genuß bereitet, sondern auch auf Vermehrung der Menge und Verbesserung der Beschaffenheit dessen was er gebraucht. Dies hat der Mensch vor den Thieren voraus.

§. 4.

Vermehrung dessen, was die Natur dem Menschen liefert, kann nur durch Anwendung von Arbeit, entweder von Seiten des Menschen selbst oder des von ihm gesammelten Kapitals erlangt werden; daher kann man Arbeit, sie werde

a) unmittelbar oder mittelst Kapitals, zu Vermehrung der Menge, oder Verbesserung der Beschaffenheit, oder

b) nur zur Zueignung der Dinge, und deren Zubeteitung zum Genuß verrichtet, als das einzige Mittel zu Vermehrung des National-Wohlstandes betrachten.

Die letzte Quelle (b) verschwindet bei der Vermehrung des National-Wohlstandes, bis auf Seefischerei.

§. 5.

Bei civilisirten Völkern, kann der Wohlstand eines Mannes, mit Ausnahme der Seefischerei, hiernach nur vermehrt werden:

1. durch Arbeit, entweder unmittelbar oder vermittelst eines Kapitals verrichtet, welche auf Vermehrung der Menge, oder Verbesserung der Beschaffenheit desjenigen verwandt wird, was man zu haben wünscht: das ist durch Ackerbau; und

2. durch Arbeit, auch entweder unmittelbar oder vermittelst eines Kapitals, welche darauf verwandt wird, den Dingen die zum Verbrauch angemessene Form zum geben, oder sie überhaupt dazu geschickt zu machen; das heißt durch Fabrikation.

§. 6.

Fabrikation wird, zwar mit Unrecht, unproduktive Thätigkeit genannt, allein sie bildet nur einen sehr untergeordneten Theil bei Vermehrung des National-Wohlstandes, in sofern sie nicht durch gesetzliche Einschränkung oder gewaltsame Vertheilungen des Eigenthums gefesselt ist.

§. 7.

Wohlstand, der dadurch entsteht, daß den Dingen die zum Verbrauch nothwendige Form gegeben wird, oder solche dazu geschickt gemacht werden, beruht darauf:

a) daß eine zureichende Menge roher Materialien zur Verarbeitung da ist, und

b) eine hinreichende Menge Nahrungsmittel und sonstiger Lebens-Bedürfnisse existirt, um die Arbeiter zu erhalten.

§. 8.

In civilisirten Staaten, wird das Verhältniß des Ackerbaues und der Fabrikation, beide als Quellen des Wohlstandes betrachtet, sehr verwickelt; und man kann beide nicht genauer würdigen, als wenn man die Wichtigkeit von Land und Arbeit bei Bildung des Wohlstandes, vor der Periode untersucht, in der Arbeit auf Vermehrung der Menge oder Verbesferung der Beschaffenheit verwandt wurde. Landwirthschaftlicher Gewerbfleiß behält immer das Uebergewicht über Fabrikations-Gewerbfleiß, in eben dem Grade, als damals Land über Arbeit. Damals trug das Land durch die, ohne menschliche Arbeit erzeugten Früchte, in eben der Art zum Wohlstande bei, als es solchen nachher durch landwirthschaftlichen Gewerbfleiß befördert. Fabrikations-Gewerbfleiß bleibt in jedem Zustande der Gesellschaft, zum landwirthschaftlichen Gewerbfleiß in eben dem Verhältniß, als Arbeit, sie werde mit der Hand oder durch Kapital verrichtet, zu Grund und Boden im rohen Zustande der Gesellschaft stand.

§. 9.

Bei gebildeten Völkern ist die Art der Vertheilung des Fabrikations-Gewerbfleißes verschieden. Zuweilen wird eine große Summe Thätigkeit darauf verwendet, um das Bedürfniß einiger weniger zu befriedigen, obgleich alle übrige dabei leiden. Dies geschieht dadurch, daß

a) ein Theil des Fabrikations-Gewerbfleißes, der auf Dinge, die allgemeines Bedürfniß sind, hätte verwendet werden können, auf Sachen der Laune angewandt wird, und dadurch für die ersten verlohren ist, und

b) dadurch, daß Arbeit und Kapital auf Dinge der Laune und des hohen Wohllebens verwendet sind, welche auf landwirthschaftliche Gegegenstände hätten angewendet werden können, und alsdann zu Vermehrung der Summe von Lebens-Nothwendigkeiten beigetragen haben würden.

§. 10.

Obgleich hiernach Fabrikations-Gewerbfleiß in einigen Staaten eine besondere Wichtigkeit zu haben scheint, so bleibt das oben (§. 8.) angegebene Verhältniß zwischen landwirthschaftlichem und Fabrikations-Gewerbfleiß doch immer das richtige.

§. 11.

Bei Untersuchungen der Art, wie die Vermehrung des National-Wohlstandes statt finden kann, kommt es insbesondere darauf an:

a) Die Ursachen, welche die Vertheilung des Gewerbfleißes bestimmen, und
b) die Folgen zu erforschen, welche daraus entstehen.

Zuvor ist es aber nothwendig, den Werth der Arbeit und des Kapitals bei Vermeheung des Wohlstandes, je nachdem das eine oder das andere Fabrikations- oder landwirthschaftlichen Gewerbfleiß bildet, zu prüfen.

§. 12.

Beharrlichkeit bei einer Arbeit hielt man für so wichtig, daß in einigen Ländern gewisse Geschäfte erblich gemacht wurden, z. B. in Indien, Egypten ꝛc., diese Meinung ist längst verworfen. Dagegen hat man in neuern Zeiten, Theilung der Arbeit, als die Quelle des Reichthums bezeichnet.

§. 13.

Die Vortheile der Arbeitstheilung sind bedeutend, allein sie weichen denjenigen, welche Kapital dadurch bringt, daß es Arbeit erspart und verrichtet. der Vortheil durch Kapital ist so groß, daß wenn die gesammte Arbeit bei einer Sache, vermittelst Maschinen von einer Person verrichtet wird, sie die Vortheile übersteigt, die aus der Arbeits-Theilung ohne Maschinen entstehen können.

§. 14.

Ersparung und Verrichtung von Arbeit durch Kapital, verbunden mit der Richtung der Thätigkeit auf Vermehrung und Verbesserung der Beschaffenheit drr Produkte, bilden allein die Mittel zu Erlangung von Wohlstand bei gebildeten Völkern.

§. 15.

Bei Verhandlungen der Nationen über Handels-Verhältnisse kommt deshalb niemals die mehrere

Theilung der Arbeit, wohl aber der Vorzug zur Sprache, den ein Land vor dem andern wegen Ersparung oder Verrichtung von Arbeit durch Kapital hat.

§. 16.

Wenn man den Werth einer Manufaktur von dem Kapital, das zu ihrer Disposition steht, abhängig macht, so schreibt man dies nur der Arbeit zu, welche durch das Kapital erspart wird; denn dies kann nur Nuzzen bringen, wenn es Arbeit erspart.

Im Jahre 1765 war Baumwolle, als Handels-Artikel in England wenig bekannt. Wenige Jahre nachher bekam Arkwright ein Patent auf Baumwollen-Spinn-Maschinen. Im Jahre 1782 betrug der ganze Ertrag der Baumwollen-Manufaktur in England noch nicht 2 Mill. L. Sterling. Im Jahre 1801 betrug die Baumwollen-Importation in Großbrittanien 42 Mill. Pfund, und der Werth der daraus gemachten Waaaren 15 Mill. L. Sterling.

Im Jahre 1802 war die Einfuhr 54 Mill. Pfund, diese kosteten in dem Lande, wo die Baumwolle gewachsen war, und an Versichrung, Fracht

und sonstigen Schifs- u. Kaufmanns-Unkosten - .	4,725,000 L. Strl.
dabei sind mehr als 30000 Tonnen Schifsladung benuzt, und etwa 2000 Seeleute beschäftigt, welche Baumwolle holen und Fabrikate wegbringen.	
Um die Baumwolle zu Fäden zu verarbeiten, ist an Gebäuden, Maschinen rc. ein Kapital von 9,225,000 L. Strl. nöthig. Von diesem, Amortisations-Zinsen a 15 Prozent . . .	1,383,750 L. Strl.
Spinnerlohn, Werth des dabei verbrauchten Zubehörs, und Spinner-Vortheil . .	5,100,000 L. Strl.
Werth der fernern Fabrikation wodurch das Garn zu Baumwollen-Zeug aller Art verarbeitet wird, Zubehör, Arbeitslohn, Zinsen und Gewinn . . .	9,000,000
	20,208,750 L. Strl.

Von dieser Summe sind wenigstens 13 Mill. L Sterling Arbeitslohn, welchen Großbrittanische Unterthanen bekommen. Man nimmt an, daß 800,000 Individuen durch Baumwollen-Verarbeitung beschäftigt werden.

(Observations on the Cotton-Trade of Great Britain.

§. 17.

Die Meinung, daß Theilung der Arbeit die größte Quelle des National-Wohlstandes sey, hat die Behauptung zur Folge gehabt: daß die Unmöglichkeit, landwirthschaftliche Arbeiten aufs äußerste zu theilen, die Ursache sey, aus der die auf Produktion angewendete Arbeit verhältnißmäßig nicht immer den Vortheil giebt, den die auf Fabrikation angewandte hervorbringt.

Es zeigt aber nichts so auffallend die Vervollkommnung der Menschen bei Anwendung ihrer Arbeit, als die Zubereitung eines großen Feldes durch 2 oder 3 Menschen zu Aufnahme der Saat; denn, wenn dabei nicht Arbeit durch Kapital ersetzt würde, so müßten in eben der Zeit, wenigstens 10 Menschen damit beschäftigt werden. Und doch würden diese es niemals so vollkommen verrichten können.

§. 18.

§. 18.

Die äußerst günstige Meinung von der Arbeitstheilung hat es auch veranlaßt, daß man annahm, Maschinen hätten der Theilung der Arbeit ihre Entstehung zu verdanken, und wären nur Folge derselben. Aber die Geschichte zeigt uns, daß die einfachsten und würksamsten Maschinen, die wir als solche gar nicht mehr bezeichnen, schon zu den Zeiten eingeführt sind, wo Theilung der Arbeit in gewisser Art noch nicht statt fand, und daß diese in der Regel dadurch entstanden sind, daß man bei landwirthschaftlichen Arbeiten etwas den menschlichen Kräften substituiren wollte. In der Landwirthschaft hat man gerade zu keiner Zeit durch Theilung der Arbeit viel zu erlangen beabsichtigt.

Eben so wenig sind die Fortschritte im Maschinen-Wesen durch Arbeits-Theilung veranlaßt. Theilung der Arbeit zweckt dahin ab, die Aufmerksamkeit des Arbeiters und dessen Kenntniß auf Eine Verrichtung zu beschränken. Dagegen ist die größtmöglichste Vereinigung der verschiedensten Verrichtungen der Zweck jeder Maschine. Die Seiden-Mühle von Sir Thomas Lombe, im Jahr 1734 erfunden, enthält 26,586 Räder, welche bei jeder Umdrehung des Rades 73,726 Yards Seide, also in 24 Stunden bei dreimaliger Umdrehung jedes Rades in einer Minute 318,504,960 Yards zubereiten.

Theilung der Arbeit hat mehr auf eine genaue Ausführung einzelner Zweige des verfeinerten Kunstfleißes als auf die Schnelligkeit der Arbeit Einfluß. In der lezten Beziehung bewürkt sie zwar auch mehrere Geschicklichkeit des Arbeiters, aber der Erfolg davon ist im Vergleich zu der großen Würkung des Kapitals in dieser Hinsicht sehr geringe.

§. 20.

Die Leichtigkeit und merkwürdige Schnelligkeit, mit welcher Arbeit verrichtet wird, und folglich, der Wohlstand der gebildeten Völker, beruht darauf, daß der Mensch

a) von seinem rohesten Zustande her, die Fähigkeit hat, Werkzeuge und Maschinen zu machen, welche ihm theils Arbeit ersparen, theils Arbeit verrichten, und

b) daß er zu eben dem Zweck sowohl in Handels-Verhältnissen, als in allen Geschäften, welche Arbeit erfordern, Kapital benuzzen kann.

Der Verfasser der Briefe über die Nüzlichkeit der Maschinen zu Abkürzung der Arbeit (Letters on the utility of employing Machines to shorten Labour, 1780) sagt: beinahe jede Bequemlichkeit des Menschen, wird nur durch Maschinen erlangt. Unsere Felder werden dadurch bebauet, unsere Wohnungen errichtet, Kenntniß von Pol zu Pol verbreitet.

Die Fortschritte der menschlichen Gesellschaft haben immer mit den Bemühungen mechanischer und erfindungsfähiger Köpfe im Verhältniß gestanden. Man zerstöre alle Maschinen, und wir sind auf einmal Wilde.

§. 21.

Hume meint; daß der Gewerbfleiß in einem Lande, durch den hohen Lohn begrenzt werde; daß Manufakturen, am Ende von den Gegenden fliehen, die sie bereichert haben, und dahin gehen, wo Wohlfeilheit der Lebensmittel und Arbeit sie an sich zieht. Aber er hat dabei nicht auf die grenzenlose Erfindungs-Kraft der Menschen, durch Kapital Arbeit zu ersparen, Rücksicht genommen. Jede mögliche Lohns-Erhöhung, die vermehrter Reichthum erzeugen kann, ist nur eine Kleinigkeit gegen die großen Vortheile, die ein Land durch Maschinen und durch Kapital erlangt, das auf Wege, Kanäle, Brücken, Einzäunungen, Schiffarth, und in dem innern und äußern Handel angelegt ist, welches alles dazu dient, um Arbeitslohn zu ersparen.

Im Jahr 1786 wurde bestimmt, daß die Abgabe vom Brandtwein, von der Blase nach der Größe derselben erhoben werden solle. Man legte dabei zum Grunde, daß jede Blase sieben mal in einer Woche geleeret werden könne, und die Londner Brandtweinbrenner fanden, daß wenn man dies öfter wiederholen wollte, dabei Verlust sowohl bei den Materialien, als bei dem Fabrikat sey. Zwei Jahre darauf hatten die Schottischen Brandtweinbrenner Einrichtungen getroffen, bei denen sie eine Brandtweinsblase vierzig mal in einer Woche leeren konnten. Im Jahr 1799 hatte man es dahin gebracht, daß eine Blase in $2\frac{3}{4}$ Minuten einmal, also 22 mal in einer Stunde, und ohne daß die Qualität des Brandtweins dabei leidet, geleert werden konnte. Alles dies geschah ohne Theilung der Arbeit. Die Verbesserungen im Bleichen, Färben, Spinnen, Weben, und in den Eisen und Kupferwerken, welche alle von der Theilung der Arbeit keinen Vortheil gezogen haben, gehören auch hieher.

§. 22.

Der allgemeine Wohlstand bei gebildeten Völkern, so daß der Europäische Bauer Bequemlichkeiten hat, die dem Afrikanischen Könige abgehen, beruht bloß darauf:

a) daß der gebildete Mensch seine Thätigkeit auf Vermehrung der Menge und Verbesserung der Beschaffenheit der Produkte richtet, und

b) durch Kapital Arbeit erspart und neu verrichtet.

§. 23.

Da diese Eigenschaften allen Menschen eigen sind,

a) warum haben nicht alle gebildete Nationen davon einen gleichen Vortheil gezogen, und

b) welche Umstände halten den Gewerbfleiß in einigen Ländern auf, und welche leiten ihn überhaupt?

§. 24.

Der Einfluß der Nachfrage auf die Menge und die Beschaffenheit der Dinge, welche Arbeit hervorbringen kann, ist schon auseinandergesetzt. Hätte die Welt nur einen Bewohner, und angenommen, dieser wäre vollkommen beschäftigt, sich seine Bedürfnisse zu besorgen, so müßte er, wenn er von einer Sache mehr zu haben wünscht, als er nach dem Theil Arbeit, den er zeither darauf verwendet hat, erwarten kann, mehr Zeit als bisher, auf diesen Gegenstand verwenden, und eben so viel Zeit den ihm weniger bedürftigen Gegenständen entziehen.

Dies ist auch auf eine Nation anwendbar. Wenn sich die Nachfrage nach einer Sache vermehrt, so steigt der Preis derselben, und dies veranlaßt mehrere Anstrengung bei Fabrikation dieser Waare. Die mehrere Nachfrage und der höhere Preis der einen

Waare, veranlaßt einen geringeren Verbrauch, und so eine geringere Nachfrage nach einer andern, weniger nothwendigen Waare, denn das was dazu bestimmt war, diese zu bezahlen, muß jetzt zu Berichtigung des höhern Preises der mehrgesuchten Waare verwendet werden. Dadurch wird ein Theil Arbeit bei derjenigen Manufaktur entbehrlich, in der die jetzt weniger gesuchte Waare gemacht wird, und der Manufaktur zugewendet, zu der die mehr gesuchte Waare gehört. So entsteht hier auch eine Veränderung in der Arbeits-Anwendung bei einem Volke.

§. 25.

Nachfrage bestimmt die Vertheilung des Gewerbfleißes, und was das Verhältniß der Nachfrage in Absicht einzelner Artikel bestimmen kann, das bestimmt auch die Vertheilung des Gewerbfleißes.

§. 26.

Vermehrung der Nachfrage allein kann die Produktion oder Fabrikation einer Waare befördern, ein Geschäft blühend machen, und den Gewerbfleiß des Landes auf Einen Gegenstand insbesondere richten. Das Interesse einzelner Menschen, oder Staats-Anordnungen können hierin nichts bewürken.

Geld Unterstützung oder sonstiger Beistand der Fabrikanten kann nur machen, daß ein Gewerbe wobei sonst Verlust ist, sich erhält.

§. 27.

Der erste und wichtigste Punkt bei Untersuchung der Ursachen, aus denen die Thätigkeit des Volks, diese oder jene Richtung nimmt, ist die Ausmittelung der Ursachen, welche das Verhältniß der Nachfrage zu den verschiedenen von der Nation erzeugten Artikeln bestimmen. — Was erzeugt die Verschiedenheit der Nachfrage nach verschiedenen Artikeln, in verschiedenen Oertern, selbst in Einem Lande?

§. 28.

Zuerst verlangt der Mensch Nahrungs-Mittel und Schutz gegen die Witterung. Dies hat er mit den Thieren gemein, und dies sind beinahe die einzigen Triebe, in Beziehung auf Wohlstand, welche die Natur ihm unmittelbar eingepflanzt hat. Jedes andere Verlangen in Beziehung auf Behaglichkeit entsteht aus dem Besitz von Wohlstand, den nur der Mensch durch seine Anstrengung vermehren kann. Der Arme lebt öfters höchst dürftig, zufrieden und glücklich. Man vermehre seinen Wohlstand und in eben dem Grade werden seine Bedürfnisse und seine Wünsche zunehmen.

§. 29.

Nachfrage ist nicht das bloße Verlangen nach einer Waare, sondern diese, verbunden mit den Mitteln, diesem Verlangen genügen zu können. Ein

Nachfrager ist die Person, mit Rücksicht auf welche eine Waare gemacht und zum Markt gebracht wird. Nachfrage nach mehr als Lebens-Nothwendigkeiten kann nur bei denen statt finden, welche in einem größern Wohlstande sind, als zu Befriedigung der Lebens-Bedürfnisse nothwendig ist.

§. 30.

Kommen Güter zum Markte, wo keine Nachfrage ist, so bleiben sie unverkauft. Vermöge der Vorsicht der Menschen kommen sie in solchen Fällen nicht zu Markte, und daraus folgt, daß selbst ohne Versuch, der Umfang des Wohlstandes und dessen Vertheilung, die Menge und Beschaffenheit dessen bestimmt, was zum Verkauf angeboten wird. Würde das ganze National-Vermögen von England in Theile zu 100 L jährlichen Einkommens vertheilt, so könnte keine Macht es verhindern, daß nicht die Pracht-Kutschen-Manufakturen eingingen.

Der Preis jeder Kutsche dieser Art würde 4 mal das jährliche Einkommen eines Jeden übersteigen. Würde im Gegentheil das National-Vermögen in Theile zu 10,000 L. Sterling jährlichen Einkommens vertheilt, so würde, unabhängig von jeder Aufforderung, und trotz der schwersten Taxen, Nachfrage nach diesen Kutschen entstehen, und diese Art der Fabrikation in Aufnahme kommen. Wenn das National-

Einkommen in kleine Theile, etwa zu 100 L. Sterling vertheilt ist, und sich davon größere Theile, etwa zu 10,000 L. Sterling bilden, so muß die Nachfrage nach den Artikeln, die in dem ersten Zustande 99 von 100 Familien bedurften, abnehmen, und die Verringerung des Werths dieser Artikel, durch die verringerte Nachfrage, die National-Thätigkeit davon ab, und zu Luxus-Artikeln hinleiten. Die Lage der Sache ist ungleich günstiger, wenn das Eigenthum zu 100 L. Sterling jährlichen Einkommens vertheilt ist. Die Gutsbesizzer leben alsdann in der Regel auf ihren Gütern, weil Reisen ihnen zu viel Kosten macht; das Land, was der Herr übersieht, wird am besten bewirthschaftet, die Ausgaben des Grundbesizzers auf seinem Landsiz, muntern die Nachbarschaft zum Gewerbfleiß auf, und dieser wird dadurch den feineren Manufakturen entzogen, welche in einem höhern Grade Arbeit auf rohe Materialien häufen, und den Gewerbfleiß der großen Städte ausmachen.

Hieraus folgt:

§. 31.

die Art der Vertheilung des Wohlstandes bestimmt den Grad der Nachfrage für jede Waare, und Nachfrage leitet die National-Thätigkeit, und so die Bildung des National-Wohlstandes.

§. 32.

Verlangen, ohne Mittel das Verlangen erfüllen zu können, giebt zwar keine Nachfrage, aber die Mittel einem Verlangen gnügen zu können geben gewiß und schnell das Verlangen, und so bestimmt die Art der Vertheilung des Wohlstandes auch die Nachfrage.

§. 33.

Der Grad des Wohlstandes der Verzehrer, die zum Markte kommen, und die Art in welcher der Wohlstand unter diese vertheilt ist, bestimmen die Menge und die Beschaffenheit der Waare, welche zu Markte kommt.

§. 34.

Sind die Verzehrer an hohen Wohlstand gewöhnt, und ist ihr Aufenthalt an einem Orte kurz, z. B. in einem Bade-Plaz, so sind sie, weil sie den größten Theil ihrer Bedürfnisse theils mitzubringen, theils nachkommen zu lassen pflegen, dem Orte nicht so wichtig, als weniger wohlhabende Verzehrer, und es hat außerordentlicher Reichthum einzelner Menschen, insbesondere bei kurzem Aufenthalte an einem Orte, öfters eben so wenig Einfluß auf Nachfrage als Armuth.

Der vormalige französische Hof z. B. vermehrte in Fontaineblean, wegen seines kurzen Aufenthalts dort, ungeachtet aller Verschwendung nur die Nachfrage nach Eyern, Milch und Butter.

§. 35.

Das Einsalzen der Fische kann für National-Wohlstand bedeutend werden. Man hat um dies Gewerbe, insbesondere das Einsalzen der Heringe in Aufnahme zu bringen, in England verschiedene Mittel angewandt, aber England muß den Holländern hierin nachstehen. Die Englischen Heringe sind trotz aller Belehrungen und Aufmunterungen schlechter. Die Ursach davon ist: die Verzehrer der Englischen Heringe sind der ärmste Theil der Menschen, die Sklaven in Westindien.

Die Verzehrer der holländischen Heringe dagegen sind, die wohlhabenden Leute von Deutschland und andern Ländern, wo der Hering ein Gegenstand des Luxus ist. Beim Holländischen Hering ist die Güte der Waare, beim Englischen die Wohlfeilheit die Hauptsache.

Nach Indien gehören sehr schlechte und sehr prächtige Sachen. Nach den vereinigten Staaten von Amerika, wo das Eigenthum sehr gleichmäßig vertheilt ist, Sachen, die das Leben angenehm machen, aber keine Bewunderung erregen.

§. 36.

Die Vertheilung des Eigenthums giebt nicht allein der der Fabrikation gewidmeten Thätigkeit ihre

Richtung, sondern bestimmt sogar die Art und Beschaffenheit der Thiere, welche aufgezogen werden, und zu Markte kommen.

England ist das einzige Land von Europa, wo der Arbeiter in den Fabriken Fleisch essen kann.

(Den angestellten Untersuchungen zufolge reichen $2\frac{2}{3}$ Pfund rohe Kartoffeln, $1\frac{1}{2}$ Pfund Brod und $10\frac{2}{3}$ Loth Hafer-Mehl täglich hin, einen Menschen gesund, und zur Arbeit fähig zu erhalten. 504 Acres [etwa 750 Morgen Magdeb.] erhalten durch Vegetabilien in dieser Art 1977 Menschen. England dürfte bei 9 Millionen Bewohner hiernach nur 2,412,746 Acres fruchtbares Ackerland groß seyn. Eben diese 504 Acres würden als gutes Grasland 84672 Pfund Fleisch geben. Man nimmt an, daß ein Acre Gras, das Gewicht eines Ochsen um 12 Stein [a 14 Pfund] oder 168 Pfund vermehrt. Wenn nun ein Mensch zu jeder Mahlzeit $\frac{3}{4}$ Pfund Fleisch und Knochen, und also zu 3 Mahlzeiten täglich $2\frac{1}{4}$ Pfund nöthig hat, so geben 84672 Pfund Unterhalt auf 37,632 Tage, oder: 504 Acres können 103 Menschen ein Jahr lang erhalten. Theilt man diese 103 Menschen in 20 Familien, und nimmt man für jeden noch ein Viertel Acre als Garten-Land an, so daß der Bedarf 509 Acres für 103 Menschen beträgt, so sind für die in England lebenden Menschen, allein zur Fleisch-Verzehrung 44,475,728 Acres fruchtbares Land nöthig. Eben diese Fläche würde aber 165,921,725 Menschen erhalten, wenn sie von Vegetabilien lebten. In der Zunahme der mehrern Fleisch-Consumtion in England liegt auch der Grund, warum Großbrittanien von 1746 bis 1765 jährlich im Durchschnitt für 651000 L. Sterling Getreide exportirte, und jetzt ungeachtet seiner bedeutenden landwirthschaftlichen Verbesserungen kaum seinen Bedarf bauen kann.)

§. 37.

Wenn der Wohlstand eines Mannes ihm zwar den Genuß des Fleisches, aber nicht im Ueberfluß erlaubt, dann wird er es so fett als möglich verlangen, weil das fetteste Fleisch am mehresten zur Verbindung mit Vegetabilien beim Genuß geeignet ist, deshalb findet man in England das fetteste Fleisch und die größte Menge fettes Fleisch. Der Wohlstand der niederen Volksklasse erzeugt die Nachfrage darnach. Das fetteste Schaaf-Fleisch kommt nicht nach London auf den Tisch der Reichen, diese mögen es nicht, sondern nach den Manufaktur-Städten.

In Schottland ist der gemeine Mann noch nicht wohlhabend genug, um größtentheils, so wie in England, von Fleisch zu leben, Glasgow und Paisley ausgenommen. Das fette Fleisch geht daher auch nur dorthin.

§. 38.

Es fehlt nicht an Beispielen, um zu zeigen, daß die Vertheilung des Eigenthums die Art der Nachfrage bestimmt, und diese allein die Kanäle angiebt, in welche die Thätigkeit der Nation sich ergießen soll.

In England ist der Wohlstand mehr vertheilt, als irgendwo. Es giebt einige sehr reiche Leute, aber sie haben diesen Reichthum nicht durch die Armuth mehrerer ihrer Mit-Bürger erlangt. Die Landleute und Manufakturisten sind wohlhabender als in andern Ländern.

In Frankreich im Gegentheil vor der Revolution, war der Adel allein im Wohlstande. Er opferte sogar seine Töchter und jüngere Söhne auf, um einen reich zu erhalten. Die Klöster und die Armee waren Mittel dazu. Die Befreiung von Besteuerung, die der Adel hatte, veranlaßte insbesondere die ungleichmäßige Vertheilung des Eigenthums. Diese wurde durch Vermehrung der Staatsschulden, und durch die zunehmenden Ausgaben des Hofes, weil beide Erhöhung der Abgaben veranlaßten, immer mehr bemerkbar.

Wenige besaßen die Reichthümer, und die Verschwendung derselben fand immer an einem Orte

(Paris) statt. Deshalb waren alle Arbeiter des verfeinerten Wohllebens in Paris, und fanden dort, wenn nicht mehr, so doch gleiche Nachfrage als in London.

Dagegen führt Arthur Young an, daß in Frankreich vor der Revolution, die ländliche Arbeit 76 Prozent wohlfeiler als in England war, das heißt: daß alle Menschen, deren Erhaltung auf Arbeit beruht, also der größte Theil der Einwohner Frankreichs, um 76 Prozent schlechter gespeiset, schlechter gekleidet, und überhaupt schlechter gehalten werden und leben als in England; ungeachtet der großen Menge edlen Metalls, und des anscheinenden Reichthums in Frankreich.

§. 39.

Dies zeigt, daß die Nachfrage nach ländlicher Arbeit, im Vergleich zur Zahl der Arbeiter in Frankreich geringer als in England ist, und daß das Verhältniß der Nachfrage nach Arbeit für das verfeinerte Wohlleben und die Zahl der Arbeiter für diesen Zweck, eben so, wo nicht höher als in England steht.

§. 40.

Erfahrung zeigt: daß wenn Gewinn die Aufmerksamkeit der Menschen auf die Verfertigung einer Art Gegenstände richtet, dabei Gewandtheit und Flinkheit Arbeit durch Kapital zu ersezzen, bald erzeugt wird. Dadurch sinkt der Preis, und verbessert sich die Beschaffenheit der Waare, und daher kommt es, daß in allen Dingen, die zur Zierde an Personen oder Dingen gereichen, die französische Waaren an Pracht und Wohlfeilheit den Vorzug vor allen übrigen haben. Dagegen zeichnen sich die Engländer in der Verfertigung aller Waaren, welche zu einem behaglichen, anständigen Leben gehören, durch Nettigkeit und Wohlfeilheit aus.

Bei den Verhandlungen beider Mächte über wechselseitiges Verkehr ist dies auch jedesmal, und zuletzt noch im Jahr 1786, wo ein Kommerz-Vertrag geschlossen werden sollte, zur Sprache gekommen. Dabei nahm man an:

1. Im feinen Tuch hat Frankreich, im gewöhnlichen, England den Vorzug,
2. im reichen Seidenzeug Frankreich, in Bändern und gemischten Seidenzeuge, England,
3. im vorzüglich feiner Leinenzeuge, Frankreich, im gewöhnlichen, England,
4. in Putzsachen, Frankreich,
5. bei Spiegeln, Frankreich, bei allen Glaswaaren sonst England,
6. im Porzellain Frankreich, bei andern irdenen Waaren, England,

7. bei Juwelen- Gold- und Silber-Arbeit Frankreich, bei allen andern Metallsachen England.

§. 41.

Die Vertheilung des Reichthums bestimmt nicht allein die Kanäle, in welche der Gewerbfleiß sich zieht, und die Art und Beschaffenheit der Dinge die gebaut und gemacht werden, sondern bestimmt auch in einem hohen Grade, den Fortschritt der Bevölkerung in den verschiedenen Theilen der Welt.

Man kann die Hindernisse der Bevölkerung nach Malthus in direkte, die der Mensch mit den Thieren gemein hat, und in indirekte eintheilen. Zu den ersten gehört wirklicher Mangel an Nahrungsmitteln, Mangel an dem was der Mensch verlangt, Mangel an Wohlstand. Zu den zweiten welche nur bei dem Menschen statt finden, gehört: Rücksicht auf individuelle Verhältnisse, welche entweder Entbehrung nothwendig machen, oder Besorgniß für die Erhaltung der Nachkommenschaft unter gewissen Bedingungen erzeugen. Dies zweite Hinderniß wird durch die Vertheilung des Wohlstandes erzeugt.

§. 42.

Arbeit, verrichtet mit der Hand oder mittelst Kapital, verwendet auf Vermehrung der Menge oder Verbesserung der Beschaffenheit der Natur-Produkte, und auf Zurichtung derselben zum Verbrauch, giebt die Mittel zu Vermehrung des Wohlstandes. Vertheilung des Wohlstandes, bestimmt die Art der Nachfrage, die Richtung der Arbeit; veranlaßt dadurch eine Verschiedenheit in den Produkten des Gewerbfleißes, und bringt so ein angemessenes Verhältniß zwischen Vorrath und Nachfrage hervor.

§. 43.

Die Vertheilung des Wohlstandes bestimmt das Verhältniß der Arbeit, welche auf Produktion und Fabrikation verwendet wird. Bei großer Ungleichmäßigkeit in Vertheilung des Wohlstandes, wird die Arbeit auf Prachtwaare verwendet, belohnt; dagegen giebt die Armuth des größten Theils der Menschen, welche bloß auf das nothdürftigste eingeschränkt sind, keinen Reiz, Arbeit auf Vermehrung der Menge und Verbesserung der Beschaffenheit gewöhnlicher Bedürfnisse zu verwenden, oder Vervollkommnung dabei anzubringen.

In England blüht der Ackerbau, in Frankreich dagegen sind nach Quesnay von 36 Mill. Acres Pflugland, 30 Millionen von so armen Pächtern bewirthschaftet, daß der Grundherr ihnen Arbeits-Vieh und Saat, und oft auch Geld bis zur Erndte vorschießen muß.

§. 44.

Die günstigste Vertheilung des Wohlstandes läßt sich eben so wenig genau angeben, als die Bedingungen sich genau aufstellen lassen, unter denen der menschliche Körper eine vollkommene Gesundheit unbedingt geniessen muß, aber so viel ist im allgemeinen klar:

> große Ungleichmäßigkeit bei Vertheilung des Wohlstandes, auf Kosten der niedern Volks-Klassen, ist das erste Hinderniß der Vermehrung des National-Wohlstandes.

Da kein Land in der Welt zu einem solchen Wohlstande gekommen ist, als jetzt England; so kann man annehmen, daß die Vertheilung des Wohlstandes dort die angemessenste sey.

§. 45.

Leute von großem Vermögen, veranlassen Nachfrage nach Pracht- und Geschmacks-Sachen, und ihre Forderungen darin, gehen öfters sehr weit; ihre Lebensweise verhindert sie aber, mit ihren Ausgaben zugleich den Zweck der Arbeits-Ersparung zu verbinden, weil es bei ihnen niemals auf Arbeits-Verrichtung ankommt. Bei Leuten von mäßigem Vermögen dagegen, wo der Vermögens-Gewinn, noch zu dem, den der Gewerbfleiß ihnen schon bringt, dazu kömmt, erzeugt die diesen Leuten eigene Lebensart das Verlangen der Arbeits-Ersparung. Das erste findet man bestätigt, bei allen Leuten vornehmen Standes, welche ihr Vermögen nur durch Erbschaft erlangen, das zweite bei Gewerbtreibenden.

§. 46.

Hiernach bestimmt die Art der Vertheilung des Wohlstandes nicht allein die Wege, welche die Thätigkeit der Nation nimmt, und so die Gegenstände, in deren Hervorbringung ein Land sich auszeichnet, sondern es sichert auch eine angemessene Vertheilung des Wohlstandes die Zunahme desselben dadurch, daß sie eine regelmäßige fortschreitende Nachfrage auf dem inländischen Markte erhält, und diejenige, welche ihrer Lebensweise nach am mehresten dazu geeignet sind, auf Arbeits-Ersparung zu denken, zu Ausführung solcher Pläne in den Stand sezt.

§. 47.

Ist durch Vertheilung des Wohlstandes Kunstfleiß, und Arbeits-Ersparung in die Gewerbe eines Landes gekommen; so entsteht Nachfrage von aussen, und diese ist im Stande, die Summe dessen, was eine Nation erbauen oder machen kann, höher zu bringen, als dies bei einem Lande, das keinen auswärtigen Verkehr hat, möglich ist.

§. 48.

Erst alsdann, wenn ein Gewerbe schon eine Zeitlang betrieben ist, entsteht Sorgfalt in Erforschung der Mittel, wie durch Kapital Arbeit ersetzt oder verrichtet werden kann. Erleichtert irgendwo der Besitz von Kapital die Benuzzung dieser Mittel; so kann die Waare da wohlfeiler gestellt werden, als dies in dem

Lande möglich ist, wo die Nachfrage herkommt, wenn sie dort durch eine fortschreitende Vermehrung des Wohlstandes in allen Zweigen, oder eine schnelle Veränderung in der Vertheilung des Wohlstandes erzeugt ist. Z. B. England und Nordamerika.

§. 49.

Die dadurch entstehende Nachfrage von aussen, erweitert den National-Wohlstand, und vermehrt dadurch die Nachfrage im Lande nach Waare, welche das Land, das jene Waare zog, des Klimas oder Bodens oder Kultur-Zustandes wegen entweder ausschließlich, oder besser oder wohlfeiler liefern kann.

§. 50.

Auf diese Art ist Handel, obgleich er kein Mittel zu Vermehrung des Wohlstandes ist, eine Ursache des vermehrten Gewerbfleißes. Der Austausch der Produkte zweier Länder vermehrt die Nachfrage, dadurch den Gewerbfleiß, und den Wohlstand beider Länder.

§. 51.

Die Physiokraten nehmen an: Tauschwerth sey die Basis des Wohlstandes, Vermehrung des Preises sey Vermehrung des Wohlstandes, und der Wohlstand eines Landes nehme in dem Grade zu, als der Tauschwerth der Dinge zunimmt. Hiernach sollte der Handel, von ihnen als ein directes Mittel zu Vermehrung des Wohlstandes betrachtet werden. Sie nehmen dies aber bekanntlich nicht allein nicht an, sondern übersehen sogar den Erfolg der vermehrten Nachfrage, nemlich: Erhöhung des Tauschwerths, und beschränken den Handel bloß darauf; daß er ein Tausch von Werth gegen gleichem Werth sey.

§. 52.

National-Wohlstand besteht in dem Ueberfluß der Dinge die jedermann zu haben wünscht. Tauschwerth ist ein Mittel, wodurch Menschen den Vorzug, den sie einer Sache vor der andern geben, ausdrükken, und so den Gewerbfleiß der Nation in einen bestimmten Kanal leiten. Handel kann hiernach kein directes Mittel zu Hervorbringung einer Sache seyn, und also nicht als ein Mittel zu Vermehrung des Wohlstandes betrachtet werden. Aber Handel ist die wichtigste Ursache, wodurch die Mittel zur Vermehrung des Wohlstandes in Thätigkeit gesetzt werden können.

§. 53.

Sobald Welthandel eintritt, hängt der Wohlstand eines Landes nicht allein von der innern Vertheilung desselben ab. Die Vermehrung des Wohlstandes wird nun beschleunigt oder aufgehalten in dem Verhältniß, als der, in andern Ländern etwa entstehende Reichthum sich vertheilt, oder Verminderungen in der Vertheilung des schon vorhandenen Wohlstandes dort statt finden, und dadurch Nachfrage nach Dingen entsteht, die nur von dem zu Hervorbringung derselben geeigneten Lande, mit Vortheil geliefert werden können. Wäre Nord-Amerika von reichen großen Gutsbesizzern und Sklaven bewohnt; so würde es ein guter Markt für Frankreich, nicht wie jetzt für England seyn.

§. 54.

Die Veränderungen in der Art der Vertheilung des Wohlstandes in Europa, haben seit kurzem ihre Richtung dahin genommen, aufgehäuften Reichthum zu zerstreuen, und Sklaverei und sklavische Behandlung aufzuheben. Wäre die Richtung dahin gegangeu, noch größere Massen von Reichthum aufzuhäufen, und die Sklaverei noch mehr auszudehnen und zu verstärken; so würde der Gewerbfleiß in England nicht den hohen Reiz erhalten haben, dessen Folgen bei allen politischen Stürmen jetzt so wohlthätig für England sind.

Dies ist ein Haupt-Fundament für die Dauer des Englischen Wohlstandes. Es gab niemals eine Periode wie die jetzige ist, wo, wenn Friede eintritt, das Eigenthum der Menschen beinah in allen Ländern so vertheilt seyn wird, daß man eine Ausdehnung der Nachfrage für jede besondere Art des Gewerbfleißes in dem ein Land sich auszeichnet, erwarten kann. Diese Aussicht ist für England sehr günstig.

§. 55.

Wenn einzelne Gouvernements dieser nothwendigen Verbindung der Nationen unter einander Hindernisse in den Weg legen wollen; so strafen sie sich selbst, denn: Handel zwischen zwei Staaten, giebt dem Gewerbfleiß beider, Reiz.

Es ist unmöglich, einen Umsatz so zu leiten, daß nur der Gewerbfleiß des Einen Volks dadurch aufgemuntert würde, und wer hierin einem Lande schaden will, schadet sich selbst in eben dem Grade.

Wenn in England die französischen Tressen und die Battiste verboten sind; so wird der Verbraucher dieser Waare, vermittelst des durch das Verbot entstandenen höhern Preises genöthigt, zum Ankauf dieser Sachen mehr Dinge hinzugeben, als sonst der Fall seyn würde. Er behält also weniger zum Ankauf anderer Dinge des inländischen Marktes übrig. Ferner entzieht ein solches Verbot, die Nachfrage nach andern Waaren, in denen England sich auszeichnet, bis zu dem Betrage des Werths der Tressen und des Battistes, den England in Frankreich gekauft haben würde; denn bei keinem Grade der Freiheit im Handel kann Waare von einem Lande zum andern gebracht werden, ohne Waare zurückzubringen.

Derselbe Fall ist mit Frankreich in Absicht der englischen Metall-Waaren.

Als England und Frankreich den Handels-Traktat im Jahre 1787 abgeschlossen hatten, wurden in den ersten 6 Monaten des Jahres 1787 — 2750 Fässer Wein aus Bourdeaux nach England und Irland geführt, statt daß in den letzten 6 Monaten des Jahres 1786 nur 1583 Fässer dahin exportirt waren.

§. 56.

Hindernisse, welche dem Handels-Verkehr gemacht werden, sind Riegel gegen die Zunahme des Wohlstandes der Völker. Sie hemmen den Gewerbfleiß der Nation, die aus Mangel an Einsicht diese Bande legt, sie schaden diesem Volke selbst durch jeden Erfolg, den dieser Zwang auf den Gewerbfleiß der Nation hat, der man Schaden zufügen will. Es ist durchaus unmöglich, zu verhindern, daß, wenn zwei Staaten in Handels-Verbindungen mit einander sind, dies nicht beiden zum Vortheil gereichen sollte.

Das Resultat der angestellten Untersuchung ist:

1. Der Wohlstand des Menschen, oder die Aufsammlung von Gegenständen, deren er bedarf, gründet sich auf die Fähigkeit, seine Arbeit dahin zu richten, daß die Menge der Produkte vermehrt, oder ihre Beschaffenheit verbessert werde, und darauf, daß er durch Kapital Arbeit ersparen und verrichten kann.
2. Land, Arbeit und Kapital mögen als die Quellen des Wohlstandes betrachtet werden; Vermehrung des Wohlstandes kann aber allein durch Arbeit entstehen, sie werde durch die Hand des Mannes oder durch Kapital verrichtet, werde

auf Vermehrung der Menge oder Verbesserung der Beschaffenheit der Produkte oder darauf verwendet, den Produkten eine andere Form zu geben, und rohe Materialien zum Gebrauch geschickt zu machen.

3. Die Vertheilung des Wohlstandes bestimmt:

a) die Richtung, welche Arbeit nimmt, und also auch die Kanäle, welchen der National-Gewerbfleiß insbesondere folgt.

b) die Ausdehnung, zu der der Gewerbfleiß und selbst die Bevölkerung gelangen kann.

4. Ist hierdurch einmal die Richtung, die der Gewerbfleiß eines Volkes nimmt, bestimmt; so wird das Fortschreiten seines Wohlstandes in dem Verhältniß beschleunigt, oder aufgehalten, als die Vertheilung des Wohlstandes in andern Ländern eine Nachfrage nach Gegenständen erzeugt, in deren Hervorbringung dies Volk sich auszeichnet. Endlich

5. Jedes Hinderniß, das dem Handels-Verkehr gesetzt wird, hemmt die Vermehrung des Wohlstandes, sowohl dadurch, daß es den Gewerbfleiß des Landes, von dem der Zwang ausgeht, unterdrückt, als auch durch den Erfolg, den dieser Zwang auf den Gewerbfleiß des Landes hat, das man unterdrücken will.

FSC
www.fsc.org
MIX
Papier | Fördert gute Waldnutzung
FSC® C083411

Kolibri 360 GmbH
Ferdinand-Jühlke-Straße 7
99095 Erfurt, Deutschland
produktsicherheit@kolibri360.de